U0819316

METRO

走近轨道交通科普系列丛书

你不知道的

地铁历史

张中杰 主编

陈锦剑 朱观华 副主编

同济大学出版社

TONGJI UNIVERSITY PRESS

·上海·

图书在版编目（CIP）数据

你不知道的地铁历史 / 张中杰主编. — 上海：同济大学出版社，2022.5（2025.7 重印）

（走近轨道交通科普系列丛书）

ISBN 978-7-5765-0200-8

Ⅰ. ①你… Ⅱ. ①张… Ⅲ. ①地下铁道－交通运输史－世界－青少年读物 Ⅳ. ①F531.9-49

中国版本图书馆 CIP 数据核字（2022）第 069065 号

走近轨道交通科普系列丛书

你不知道的地铁历史

张中杰 主编

陈锦剑 朱观华 副主编

策划编辑 陆克丽霞 **责任编辑** 陆克丽霞

责任校对 徐春莲 **装帧设计** 潘向蓁 王 翔

出版发行 同济大学出版社 www.tongjipress.com.cn

（地址：上海市四平路 1239 号 邮编：200092 电话：021-65985622）

经　　销 全国各地新华书店

印　　刷 上海安枫印务有限公司

开　　本 710mm × 1000mm 1/16

印　　张 8.25

字　　数 165 000

版　　次 2022 年 5 月第 1 版

印　　次 2025 年 7 月第 3 次印刷

书　　号 ISBN 978-7-5765-0200-8

定　　价 58.00 元

走近轨道交通科普系列丛书编委会

总 序

城市轨道交通作为一种绿色低碳的城市交通系统，是目前解决我国城市交通问题和大气污染问题的最佳方式。早在20世纪90年代末，国内就已掀起了城市轨道交通建设的热潮，并且范围越来越广。随着城市轨道交通建设如火如荼地进行，城市轨道交通科技也在蓬勃发展。土建、车辆、供电、通信、信号、综合监控、机电设备及消防系统等与城市轨道交通相关专业的技术成果丰硕。城市轨道交通成为支撑、引领经济快速发展和推动社会进步的新引擎。因此，推动轨道交通领域的科技进步与创新、促进先进技术的更新与应用、提高群体科学素养就显得尤为重要。

“走近轨道交通科普系列丛书”正是从广大市民的角度出发，围绕大家关心的问题，以“一问一答”的形式，深入浅出地介绍城市轨道交通科学知识及安全出行要点。本套丛书语言通俗易懂、叙述生动有趣，地铁源于“查尔斯·皮尔逊与老鼠的一次历史性的‘会面’”“地铁车辆每节车厢下面都‘别有洞天’”“你可以想象列车凭借一根钢轨悬挂在半空中”……这些阐述均来自本套丛书，相信一定能够激发读者对轨道交通的浓厚兴趣，为他们打开一扇了解轨道交通的窗口。

本套丛书的编者中有活跃在轨道交通设计研究工作第一线的青年科技骨干，也有活跃在教育领域第一线的青年教师。他们在总结实践经验的基础上，碰撞思维、跨界交流、精心甄选，为读者描绘出一幅幅轨道交通的知识画卷，带领大家感受轨道交通前沿科技的魅力。同时，本套丛书还有助于拉近读者与轨道交通专业工作者之间的距离，让读者能够理解城市轨道交通建设中必不可少的“阵痛”，学习轨道交通突发事件的正确应对方式，从而更好地融入新时代城市数字化转型的进程，进一步认可接受并选择绿色低碳出行，助力国家实现“双碳”目标。

全国勘察设计大师 周良

2021 年 12 月

丛书前言

城市轨道交通是人们出行的重要交通工具。相比于城市道路和桥梁，轨道交通是一个较新的领域，因此不易被青少年及广大市民所了解。在日常搭乘轨道交通的过程中，有时人们会像历史学家，关心地铁发明者是谁、地铁的出生地在哪；有时人们像设计师，关心地铁是如何穿越江河、如何“掉头”的；有时人们又像文化学者，关心地铁线路颜色背后的故事、有轨电车的艺术长廊……

于是，城市轨道交通仿佛变成了一个个问号：这是什么？那是什么？为什么会这样？为什么会那样？……怎样才能方便又贴心地满足大家无穷无尽的好奇心和求知欲呢？“走近轨道交通科普系列丛书”就是一个不错的选择，可以帮助大家解决不少的疑问。

本套丛书共十册，分别为《你不知道的地铁历史》《你不知道的地铁设计》《你不知道的地铁建设》《你不知道的地铁运营》《你不知道的地铁文化》《你不知道的轨道交通》《走近有轨电车——趣谈篇》《走近有轨电车——设计篇》《走近有轨电车——建造篇》《走近有轨电车——运营篇》。本套丛书以地铁、有轨电车及其他轨道交通为主题进行编排，从历史、设计、建造、运营、文化等角度进行阐述，内容丰富、涉及面广，语言简洁易懂、生动有趣，不仅可以最大限度地满足读者对轨道交通知识的需求，而且还能让读者充分理解城市轨道交通建设的艰辛与不易。

本套丛书的内容融入了编者们在这一领域多年的积累，所包含的条目都经过编者们的精心挑选和甄别，向广大读者描绘了近200年城市轨道交通的绿色发展历程，希望借此能加深读者对我国“碳达峰与碳中和”目标的理解，引导绿色低碳出行。同时，本套丛书还展现了当今城市轨道交通涉及的各种前沿技术，让读者能深刻地感受到数字化带来的科技与便利，赋能数字化实践，助力城市数字化转型。

本套丛书得到了上海市科学技术委员会科普专项项目资助，也得到了上海市城市建设设计研究总院（集团）有限公司、上海中学、上海交通大学、同济大学出版社、中铁五局集团有限公司等单位的支持，在此表示衷心的感谢!

本套丛书中的少量图片来自网络，无法联系到图片版权者，在图片下方均已标明图片来源，若有相关事宜需要处理请与我们联系。

由于编者们的工程经历及学术水平有限，书中疏漏及不当之处在所难免，敬请广大读者不吝指正。

本书编委会

2021年12月

目　录

METRO

1 地铁的出生地在哪

1863 年，“奥运之父”皮埃尔·德·顾拜旦 (Le baron Pierre De Coubertin) 出生。

1863 年，现代足球诞生。

1863 年，世界上第一条地铁——伦敦大都会铁路通车。

对于今天的都市人而言，地铁已然成为快捷、高效的交通工具之一。这恐怕是 1863 年 1 月 10 日世界上第一条地铁在英国伦敦通车时，最乐观的预言家都始料未及的。

19 世纪中叶，在工业化浪潮的推动下，英国经济蓬勃发展，大量

拥挤的伦敦街头

（图片来源：https://cul.qq.com/a/20180509/009184.htm）

伦敦早期的地铁站

（图片来源：https://baijiahao.baidu.com/s?id=1636732610337475425&wfr=spider&for=pc）

农村人口涌入城市，伦敦成为庞大帝国的中心。有数据显示，1801 年，伦敦人口数量约为 100 万，50 年后，伦敦人口数量上升至 260 多万，并且这个数字还在与日俱增。

然而，伦敦并没有为此做好准备。当数以千计的新房屋、商店、办公楼和工厂为日益膨胀的劳动大军而建造起来时，伦敦几乎要“爆炸”了。伦敦交通委员会（London Transit Commission，LTC）记录过一组数据，1854—1855 年，每天大约有 20 万人进出伦敦。除少数有钱人使用汽车外，大部分老百姓只能靠马车和双腿，加之道路狭窄，拥堵事件经常发生。与此同时，上千辆马车所带来的马粪也令人难以忍受。解决交通问题势在必行。

解决方式之一就是在地下建造铁路。

19 世纪中叶，现代交通运输业才刚刚起步，建造地下铁路简直就是从未来穿越来的“黑科技”。要知道那年头，伦敦街头川流不息的车辆可都是马车，火车还是用老式蒸汽机驱动的，内燃机的发明要等到 19 世纪 80 年代左右。因此，把铁路搬到地下还用它载人简直是天方夜谭。

1860 年，在伦敦帕丁顿的法林顿街（Farringdon Street）和毕晓普路（Bishop Road）之间，世界上第一条地铁开工了。

1863 年 1 月 10 日该地铁全线通车，这就是世界上首条地下铁路——伦敦大都会铁路。这条线路非常成功，虽然全程只有 6.5 km，但是运行第一年就载运了 950 万名旅客。

2 地铁的发明者是谁

地铁的发明者是英国人查尔斯·皮尔逊（Charles Pearson），他生活在英国维多利亚女王时期，维多利亚女王是英国现任女王伊丽莎白二世的高祖母。查尔斯·皮尔逊作为“地铁之父”，其职业竟然不是工程师，也不是发明家，更不是物理学家，那么他究竟是做什么的呢？

查尔斯·皮尔逊
（图片来源：https://cul.qq.com/a/20180509/009184.htm）

19 世纪初，查尔斯·皮尔逊出生于伦敦，父母都是普通工人，皮尔逊从小努力读书，考上了法学院，又通过多年奋斗，总算熬成了律师。在当时的英国，戴上假发出入法庭的律师那可是最受人尊敬的职业之一。尤其对于查尔斯·皮尔逊这种从底层一步步奋斗上来的人而言实属不易。

成为律师后不久，查尔斯·皮尔逊就注意到，有一类官司居然占了他接手的诉讼案总量的一半以上，那便是交通纠纷。因此，查尔斯·皮尔逊一直关注着交通问题。

19 世纪中叶伦敦人口数量已经突破百万级，交通系统几乎每天都在超负荷运行，各种事故、纠纷层出不穷。查尔斯·皮尔逊认定这“病”得治，而他找到的“药方”就是地铁。

在当时，能想到这一方案的恐怕也不只查尔斯·皮尔逊一人，但唯独他拿出了难能可贵的“死磕”精神，他居然辞掉了律师的工作，一门心思地琢磨起该方案的可行性。仅仅用了三年时间，这个昔日的工程学门外汉居然真弄出了一套可行性方案，并寄给了伦敦市政府。

起初人们还很难接受列车在地下行走的方案，查尔斯·皮尔逊到处游说，多年之后他的想法才得以被接受和实施。1860 年 2 月，世界上第一条地铁正式开工。

早期伦敦地铁施工现场

（图片来源 https://baijiahao.baidu.com/s?id=1636732610337475425&wfr=spider&for=pc）

3 谁是地铁诞生的最大功臣

地铁的发明者英国律师查尔斯·皮尔逊自然是地铁诞生的大功臣。而另一个大功臣是迪士尼的米奇，是郑渊洁笔下的舒克和贝塔，没错，它就是老鼠。正是查尔斯·皮尔逊与老鼠的一次历史性的“会面”，碰撞出了将火车建到地下的灵感。可以说，如果没有这只老鼠，世界上第一条地铁便不会在 1863 年 1 月出现在英国伦敦。

19 世纪中叶，为改善伦敦的交通状况，伦敦市政府向所有人征集解决交通问题的方案。查尔斯·皮尔逊就是众多献计献策的热心市民之一。

地铁隧道

查尔斯·皮尔逊提出要将法林顿街（Farringdon Street）向北沿着弗莱特河谷（Fleet Valley）延伸至新大道（New Road），并修建一条铁路，列车可以从北部和西部车站运行至伦敦市中心。最奇特的是，这条铁路将被一个玻璃罩所保护，形成一个拱廊。然而，这个方案起初并没有赢得公众的支持。

为了能让火车跑进城市，查尔斯·皮尔逊寝食难安。有一次，他半夜起床上卫生间时，突然发现墙角边有一个老鼠洞，而且一直通到墙外，有一只老鼠正在洞里跑进跑出。他自言自语道："老鼠真厉害，不但能在地上活动，还能在地下跑……"就在此时，一束智慧的火花在他的大脑中迸发出来：要是火车开进城市，虽无法在地面上跑，但能不能让它转入地下呢？于是查尔斯·皮尔逊经过缜密的分析，确认"让火车入地"是一个大胆而又可行的设想，他毅然地辞去了律师的工作，独自在家专心致志地开始设计在城市开挖地下铁道的方案。

可以说，查尔斯·皮尔逊连日的冥思苦想加上小老鼠带来的灵光一闪开启了地铁发展的大时代。

4 有敞篷地铁吗

电影《速度与激情》中的敞篷跑车给人留下了酷帅的印象，那你能想象出“酷帅”的敞篷地铁吗？

其实敞篷地铁并不酷帅，反而还有点危险，因此，敞篷车厢也就仅在地铁发展初期短暂地存在过一段时间。

彼时，地铁并非直接在地下施工建造，而是先在地面挖出一条约10 m宽、6 m深的沟，在沟中铺设轨道，并用黄砖筑起隧道沟壁，再搭成拱形的砖顶，最后重新铺上路面，在地面上重建道路和房屋。同时，钻出通风孔，以便把蒸汽机车排出的浓烟引出去。

当时，受制于技术发展，电气化仍未出现，地铁主要用蒸汽机车牵引，因此，列车速度不快，敞篷车厢反而会给人不错的体验。伦敦

伦敦早期的敞篷地铁

（图片来源：https://www.zhihu.com/question/432449891）

大都会铁路开通当天，将近 3 万名群众涌进地铁站想尝试一下穿行于地下的感觉。由于当时地铁的载人能力并不高，因此，只有部分幸运儿才能坐上地铁。这些幸运儿们在敞篷的车厢里，吹着小风，一定非常惬意。

敞篷设计“一时爽”，运行危险隐忧大。试想如果把窗户都打开，当地铁速度达到 70 km/h 甚至更高时，风很容易对车体和乘客造成伤害，同时，它所形成的乱流，会给地铁列车运行带来很大阻力。全封闭的车厢不仅可以大大减少运行阻力，而且还可以对列车形成内外双重保护。

20 世纪中叶前后，一些地铁车辆的窗户仍然可以打开，但是随着换气系统的发展以及对降低空气阻力的需求，如今的地铁车辆几乎都采用全封闭设计了。

可以开窗的地铁

5 为什么地铁线路图皆用直线

现在，我们在地铁站看线路图时会发现图上的地铁线路都是直的。但这些并不是实际的地铁线路，只是一个“假象”！

这要从 20 世纪 30 年代说起，在这之前地铁线路图中的线路并不是直的。最初的地铁线路图跟地图一样，所有的地铁线路弯弯曲曲交织在一起。在使用过程中发现，人们常常出现迷路、坐错地铁等情况，于是人们意识到需要改进地铁线路图。

地铁线路图是伦敦地铁对世界的重大贡献之一。现在世界各地的地铁线路图都是根据 1932 年伦敦地铁线路图设计的。

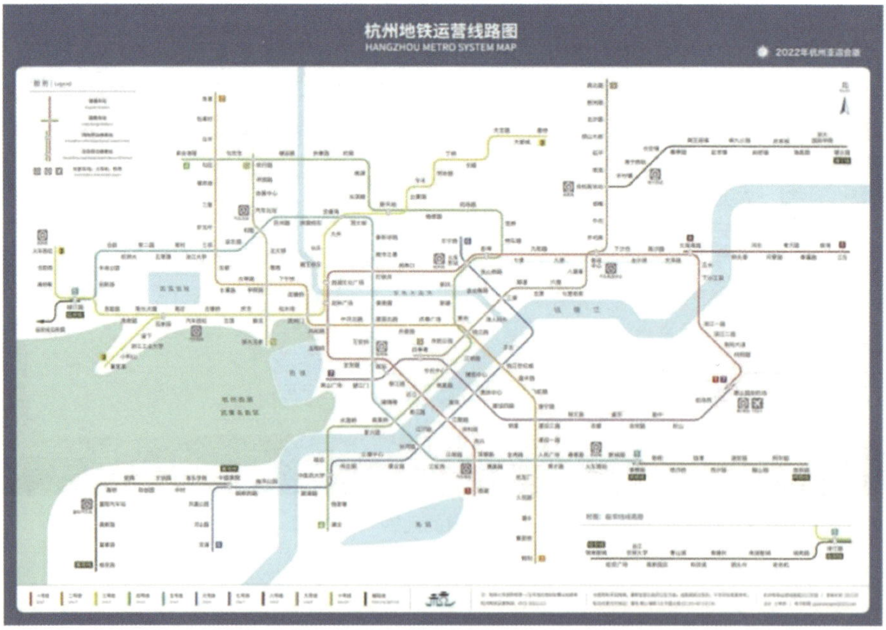

杭州地铁线路图

（图片来源：https://hz.news.fang.com/open/35790432.html）

早期的伦敦地铁线路图
（图片来源 http://www.yinxi.net/zt/show_5820.html）

1931 年 Harry Beck 绘制的伦敦地铁线路图
（图片来源：https://www.thepaper.cn/newsDetail_forward_3025204）

1926 年，一位名叫弗雷德·斯汀埃莫尔 (Fred Stingemore) 的制图师将各个站点之间的距离处理得更有秩序，线路也稍微与实际有点偏差，结果立竿见影，线路图变得简洁多了。

随后，制图师哈利·贝克 (Harry Beck) 进一步摆脱真实地理的局限，革命性地放弃了和实际地理位置的准确对应，转而统一采用 90°和 45° 直线表示，使地铁线路在图上呈水平、垂直或对角线延伸，如此才诞生了 1931 年完成的初稿。1933 年正式印刷使用的经典版本被奉为地铁线路图设计的“金科玉律”，且一直被借鉴至今。

近年来，伦敦交通局又推出了新的便民地铁线路图，这个名为“Walk the Tube”的地铁线路图上标记了各个地铁站之间的步行时间，提醒人们，相较于坐地铁，有时候走路可能是更好的选择。

“Walk the Tube”地铁线路图

（图片来源：https://www.thepaper.cn/newsDetail_forward_3025204）

6 地铁最早叫什么名字

乘坐过北京、上海、广州、深圳等不同城市地铁的小伙伴们可能会问：同样是地铁，为什么北京的地铁英文叫 subway，上海、广州却称之为 metro，在香港叫作 MTR？

此问题需要结合地铁发展的历史来回答。

1863 年，英国伦敦建成了世界上第一条地铁，当时官方命名为"Metropolitan and District Railway"（翻译为"大都会铁路"），但那个时候人们普遍称地铁为 The underground。

underground 的意思是"在地下（的），隐秘的，秘密的"，意指建在地下的铁路。但由于这个词较长，口语中人们更常用 the tube（"管

英国伦敦的大都会铁路

（图片来源：https://news.163.com/photoview/6R2E0001/2258702.html#p=CLUOI5EA6R2E0001）

子”的意思）表示地铁，或许因为当时的地铁看上去就像根大管子。

1900 年 7 月 19 日，巴黎地铁首条线路 Maillot-Vincennes 线随着巴黎世界博览会的开幕而启用，当时叫“大都会铁路”，法文是 Chemin de Fer Métropolitain，后来缩写为“Métro”。

“métro”被英语吸收后演变为“metro”，并逐渐被很多国家的大城市地铁使用。相对而言，“metro”在世界范围内会更通用一些。

在美国地区，人们常用“subway”表示地铁。这个词原本并非地铁的意思，而是指“行人地下道”。“sub”表示“在……下面”，“subway”原指一种可让人们步行以便穿过某一繁忙公路的地下通道，等同于我们更加熟悉的“underpass”。

1897 年，美国第一条地铁通车，或许是出于民族自豪感，为了和英国作区分，美国使用“subway”一词来称呼地铁。

因此，从时间维度上，地铁最早的名称是“Metropolitan”，后来逐渐发展出“underground”“the tube”“metro”“subway”等多种不同叫法。

在我国大陆地区的地铁系统中，除北京地铁、长春地铁等官方英译为“subway”，其他城市的地铁英译基本都采用“metro”。在香港地区，地铁叫作“Mass Transit Railway”(大众运输铁路)，简称 MTR。

7 世界上第一条地铁现在还在用吗

世界上第一条地铁——伦敦大都会铁路，目前还在使用，迄今已经运行了快 160 年！

作为世界上第一条地铁，修建过程中难免遇到大大小小的问题。当时有英国媒体质疑：人真的可以在地底下安全地跑吗？火车入地难道不会把隧道震塌吗？万一隧道塌了，那上面的房子会不会倒？……直到工程快结束了，媒体还预言首相不会来剪彩，市民也不会乘坐。

但事实是，1863 年，世界上第一列地铁列车按计划从帕丁顿车站驶出，驶向几公里外的法灵顿终点站。首相确实没有来，但有近万名市民在沿途车站都排起了长队。在蒸汽机的牵引下，地铁在人们期许、

伦敦大都会铁路通车时兴奋的乘客

（图片来源：https://www.zhihu.com/question/432449891）

兴奋、质疑的多重目光中，向前进。当时隧道离地面很近，列车喷吐着烟雾开过，仿佛山呼海啸。人们异常兴奋，每过一站，呼声迭起。

当时，科技化程度并不高，地铁修建技术亦不先进，但是在那个年代，人类造出了第一条地铁，并且至今使用年数已快要160年了，实属不易。19世纪60年代，中国尚处于封建时代，而作为西方经济中心的伦敦已经过了工业革命的洗礼，很多新思想和新技术得以更好、更快地萌芽发展。

地铁的修建减少了对地面建筑的拆除和重建，使得城市原有的古老街区和布局得以保持。因此，伦敦大都会铁路的修建也带给伦敦一个意想不到的好处，让如今的人们得以“穿越”时间，当漫步于伦敦的街区时，恍如置身于400多年前的莎士比亚时代，体会着历史的光辉，感受着时间的力量。

受益于地铁的修建，如今欧洲较早修建地铁的布达佩斯、马德里、布拉格、鹿特丹等城市的老城区风貌都得以很好地保存。

伦敦大都会铁路贝克街站

8 地铁车辆能用多久

地铁的使用年限与地铁车辆的使用年限是两个不同的概念。

对于地铁线路的使用寿命，在理论上，地铁系统规范的设计都要保证在仅做简单维修的情况下，土建结构要能使用一百年。同时，每年都要对线路进行养护和维修，以确保其能更安全和长久地使用。比如，伦敦地铁中，环线帕丁顿站至法灵顿站这段，已经为社会服务超过 150 年了。

一些有条件的线路会进行大规模的翻新工程，以便更好地适应当前的需求。比如，1896 年开通的世界上第二条地铁线布达佩斯地铁 1 号线，其于 20 世纪 70 年代初就进行了彻底翻新，把原有的地面段改为地下，还顺便迁移了车辆段的位置，使用寿命也相应延长。

布达佩斯地铁 1 号线

地铁车辆的使用寿命则没有地铁土建结构那么长久。如今，经过数百年的发展，车辆经历了无数次的迭代，加上技术不断更新，以及使用损耗等因素，目前地铁使用的车辆，其设计结构寿命小于30年。但就像人的寿命一样，30年只是地铁车辆的设计理论寿命，只要保养得当，“高龄”列车仍然可以继续为大家提供服务。比如，香港地铁有些列车已经到了30年的预定寿命，但是经过专家检修，它们各项性能良好，所以还能继续在地下“奔跑”。

但如果车辆经鉴定已经不能继续提供服务了，那么它将会被回收淘汰。将回收的地铁车辆拆除后，能使用的部分可以再利用，比如作为临时避难房，或是进行相关处理后把车辆作为填海的材料，从而通过另一种方式继续为人类作贡献。

地铁车辆

9 马能拉得动地铁列车吗

1863年，在地铁诞生之初，还没有内燃机、电动机，伦敦街头川流不息的可都是马车。那么，最早的地铁列车是用马来拉动的吗？马能拉得动地铁列车吗？

马是否能拉得动地铁列车，主要取决于马提供的拉力和轨道对地铁车辆的摩擦力，而此二者又分别受不同因素的影响。

在柴油机、汽轮机上通常写有“马力”二字，但“马力”其实并不是指马的拉力，而是一种常见的功率单位，用来表示做功的快慢。

“马力”这一概念产生于240多年前。彼时，英国发明家詹姆斯·瓦特(James Watt)发明了蒸汽机，人们便尝试用蒸汽机代替马匹。为了表示蒸汽机相对于马匹拉力的功率，经过实验研究，将“一匹能拉动33 000 lb并以每分钟1 ft走动的马所做的功率”①定义为马力。

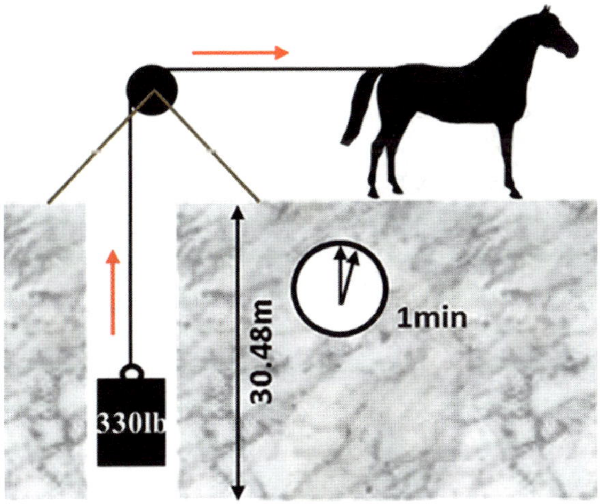

马拉力示意图

① 1 lb(磅)=0.453 592 37 g，1 ft(英尺)=0.304 8 m。

最早的马力是英制马力，广泛应用于英美国家，是使用时间最悠久的单位。英制马力的单位是 HP，1 HP=745.699 872 W，这与家庭常用的吹风机功率相当。然而，在工程技术中使用的还有另一个单位，那就是公制马力，它也常常应用于日常生活中。英制马力由测量得到，与英制马力不同，公制马力是人为定义的，其单位用字母 PS 表示，1 PS=735 W。简单来说，两种马力单位在具体数值上相差不大。在中国的法定计量单位中，功率的单位为瓦特（W）。

关于马的拉力有现成的数据可以参考，马德堡半球实验中用了 16 匹马，根据半球拉开的力可以算出每匹马的拉力为 1 600 N。那么 10 匹这样的马的拉力就是 16 000 N。理论上，马的数量越多，拉力就越大。

当马的拉力大于轨道对地铁车辆的摩擦力时，马就可以拉得动地铁车辆了。因此，只要马的数量足够多，那么就能拉得动地铁车辆。但是在如此狭小的地下隧道中，用马来拉地铁车辆是很难实现的，因此最初的地铁车辆是用蒸汽机作为动力，历史上还没有用马作为动力的地铁。

传统的马车

10 哪个发达国家没有开通地铁

当前，世界主要大城市大都有较为成熟的轨道交通系统。截至2019年年底，全球共有75个国家及地区的520座城市开通了轨道交通，运营里程超过28 198 km。其中，欧洲和亚洲的城市轨道交通运营里程合计占比90%。

喧哗的世界有一处独好的风景。它是一个岛国，没有地铁，天然温泉享誉全球。它不大，领土面积仅相当于中国浙江省的大小。它就是北欧五国之一的冰岛。它也是全球唯一一个没有火车、地铁的发达国家。

冰岛的首都是雷克雅未克，它也是冰岛最大的城市。首都附近的

冰岛

西南地区人口占全国的2/3。雷克雅未克因空气清新、无煤烟困扰，故该市得到一个美称——“无烟城市”。冰岛全国既没有火车也没有地铁。出行只能选择步行、骑单车、自驾、出租车和公共巴士。

冰岛不曾拥有地铁，甚至也不打算修地铁。这并不是因为他们太穷，而是有以下两个原因：一是冰岛这个国家较为特殊，其国土并不太适合在地下挖掘隧道，修建地铁；二是冰岛实际上可以算是“地广人稀”，冰岛全国人口约为36万人，所以在冰岛修建地铁，不仅成本高，而且修建完了使用率也低，空载是难以避免的。这对于重视环保的冰岛人来说是不可接受的。

冰岛首都雷克雅未克

11 你知道地铁列车内的“人蚊大战”吗

蚊子可谓无孔不入。你是否也有在地铁车厢被蚊子叮咬后起包的经历呢？在大多数情况下，作为四害之一的蚊子人见人恨。每年地铁站都会定期采取措施开展灭蚊工作。

以上海地铁为例，每节车厢每个月都要进行一次彻底的灭蚊处理。尤其在蚊虫猖獗的 5 月初至 10 月底，灭蚊力度更是加倍至每节车厢每个月进行两次。

在上海，地铁维保公司物资和后勤分公司环境部专门成立了“有害生物防治”小组，专业进行灭蚊工作。这支队伍会事先编制好工作计划，安排地铁车辆逐一进行灭蚊处理。当然，行进中的列车是无法进行灭蚊的，只有在夜晚列车结束运营回库后才能进行。

列车回库后，“有害生物防治”小组的队员就要开始工作了，他们陆续进入列车车厢进行细致的灭蚊工作。灭蚊措施主要是喷洒药水，同时为了确保灭杀率，灭蚊必须在一个密闭的环境中进行，列车的空调通风系统必须全部关闭，从而不放走一只蚊虫。

当这项工作开始时，穿戴好特殊防护服的灭蚊队员身背一个 16 L 的大桶，桶内盛满调制好的几乎没有任何气味的“悬浮剂”——一种专门针对车厢蚊虫的药水，“人蚊大战”就此拉开序幕。

灭蚊队员从车头开始将喷嘴对准座椅下面、车厢地板、车门缝隙、车厢连接处、照明周围等蚊虫偏爱栖身躲藏的各个角落，逐一喷洒药水。药水从喷管喷头处均匀喷洒而出，形成超细密的“雾珠”悬浮在空气中。蚊虫只要接触到这些“雾珠”就直接被杀灭了。

为了保证灭蚊有效，这样一桶 16 L 的药水一般喷洒两节车厢就用完了。这时，需再换一桶新的药水，直至所有车厢的蚊虫被消灭干净。一名队员一个班要完成 20 节车厢的灭蚊工作，也是很辛苦的。夏天时，由于车厢空调完全关闭，灭蚊人员穿戴又特别严密，因此干完活后总是一身汗。

如此这般，一圈下来灭蚊完毕，车厢空调通风开启。凌晨列车启航，新的一天到来，地铁迎来送往匆忙的乘客。此时，登上车厢的你一定不知道，一场激烈的“人蚊大战”刚刚结束呢！

消杀后干净卫生的车厢

12 什么是地铁里的新物种

说起人类活动对自然的影响，或是人类对自然环境的改造，许多人可能会先入为主地想到人类滥捕滥杀、恣意破坏动物栖息地造成的物种灭绝。但是，人类本身也是自然的一部分，也在不断地创造新环境，为新物种提供登上世界舞台的机会。

1940年9月7日下午，尖利的防空警报响彻伦敦上空。德国对英国首都长达8个月的战略轰炸开始了，这在后来被称为伦敦大空袭（The Blitz）。

彼时地铁站成了避难所，每天都有数以万计的伦敦市民在此避难。政府工作人员甚至还在地铁站里开设了书本报纸摊，让市民租书看以打发时间。每天有上万人在地铁站内打地铺睡觉。于是，伦敦地铁理

伦敦市民在地铁站内避难

（图片来源：https://zhuanlan.zhihu.com/p/29459832）

所当然地成了各种害虫的乐园。伦敦市民被德军的飞机逼得躲进了地下，在地下又要被蚊子、苍蝇、臭虫、跳蚤骚扰。其中，蚊子是最让人讨厌的，它们要么让人睡不着觉，要么让人醒来一身包。好在那时伦敦的市民们偶尔也会自娱自乐，暂时把烦恼抛到脑后。

1945 年 9 月，第二次世界大战以盟国的胜利告终。伦敦市民终于再也不用担心敌国的轰炸，伦敦地铁也恢复了正常运营。在昏暗潮湿的地铁隧道里生活的日子已经过去，那些恼人的蚊虫也理所当然地被大家遗忘了。

直到 1997 年，伦敦玛丽女王大学的动物学博士生凯瑟琳·波恩（Katharine Byrne）对半个多世纪前那些让人不痛快的事情产生了兴趣。她走进了曾经被伦敦市民当成避难所的地铁站，想看看当年骚扰

地铁站内自娱自乐的伦敦市民

（图片来源：https://zhuanlan.zhihu.com/p/29459832）

避难市民的蚊子的后代现在变成了什么样子。出乎意料的是，她发现这些地铁隧道里的蚊子和地面上的蚊子已经是两个迥然不同的物种了。1999 年，凯瑟琳·波恩在《遗传》杂志上发表了她的研究论文。同时，波恩为这个新物种起名“地下家蚊”（拉丁学名 Culex pipiens molestus）。

被避难的伦敦市民引到地铁里来的蚊子，在 50 年里进化出了另一套生活和繁殖方式。地下家蚊不再吸鸟的血，因为地铁站里只有人和老鼠之类的哺乳动物。地下家蚊在封闭空间里也能交配。地下家蚊在冬天不需要休眠，毕竟地铁站里是没有明显季节变化的。

波恩的研究引起了学术界的关注。世界各地的遗传学、进化生物学和动物学的研究者们很快在法国、意大利、澳大利亚甚至伊朗的城市地下交通系统中都发现了地下家蚊。这些蚊子也在适应地铁站这种特殊环境的过程中，改变了其基因结构和行为方式，甚至进化成了与地上物种生殖隔离的新品种。

13 你听说过“地铁推手”这个职业吗

高峰时段的地铁站，人满为患。

当地铁车厢里的人数超过容载量的200%时，地铁列车的门就很难关上了。这时车站工作人员就需要帮助乘客挤上地铁，以便列车及时关好车门，保证车辆安全通行。慢慢地，随着地铁客流量越来越大，比如在日本东京，地铁日均客流量在1 100万人次以上，在上下班高峰时段，有很多人可能挤不上地铁。这种负责推乘客上地铁的工作就越来越重要了。因此也就衍生出了“地铁推手”这一职业。

该职业诞生的早期，主要是由一些学生兼职，现在已经有了全职的工作人员。在日本，职业地铁推手的年收入十分可观，一般可达

高峰时段拥挤的地铁站

250 万～500 万日元（相当于人民币 12 万～25 万元）。

在日本，“地铁推手”的业务流程通常是这样的：地铁进站前，确认安全情况；地铁到站后，引导乘客有序上下车；地铁发车前，帮助还没有上车的乘客上车，可以将其推入车厢；等全部乘客上车后，确认可关闭车门，并在车门关闭后举旗或挥手以通知列车长，如果乘客或物品被车门夹住了，则再次打开车门，地铁推手将其强行推入车厢；对于车厢内人员已爆满情况下仍往里挤的乘客，地铁推手有责任将其拉回站台；待检查无误后，重新关闭车门，并示意列车长。

因此，也有人说要做好地铁推手必备的是两只健壮有力的胳膊。

工作中的地铁推手

地铁推手努力把乘客推进车厢

14 我国有哪些人可以免费乘坐地铁

我国各地的地铁都有免费乘坐的规定。各地方政府和地铁运营公司都会根据国家政策、当地轨道交通的实际情况以及阶段性目的，对免费乘坐地铁的条件进行规定。

在山东省，60周岁（含60周岁）以上老年人，不分国籍、不分地域，一律可享受免费乘坐城市公共交通工具的优待。

在哈尔滨，65周岁及以上老年人，持城市通IC卡敬老卡（敬老优待证）乘车，在非高峰时段（每日9:00—16:00、19:00—末班车）享受免费乘坐地铁的优惠政策，高峰时段仍按正常票价扣费。另外，离休干部、因公伤残警察、残疾军人、哈尔滨市户籍的重度肢体残疾人、身高1.2 m以下儿童、持《中华人民共和国残疾军人证》或《中华人民共和国伤残警察证》的非本市户籍人员、现役军人、军队文职人员、军队离退休干部、消防救援人员等亦享受免费乘车优惠政策。

敬老优待证、残疾军人证

在上海，按照国家和本市有关规定享受免费乘车待遇的乘客，凭有效证件，经轨道交通企业查验后，可以免费乘坐本市轨道交通（磁浮线除外）；乘客可以免费带领两名身高 1.3 m（含 1.3 m）以下的儿童乘车，超过两名的按超过人数购票。无成年人带领的学龄前儿童不得单独乘车。

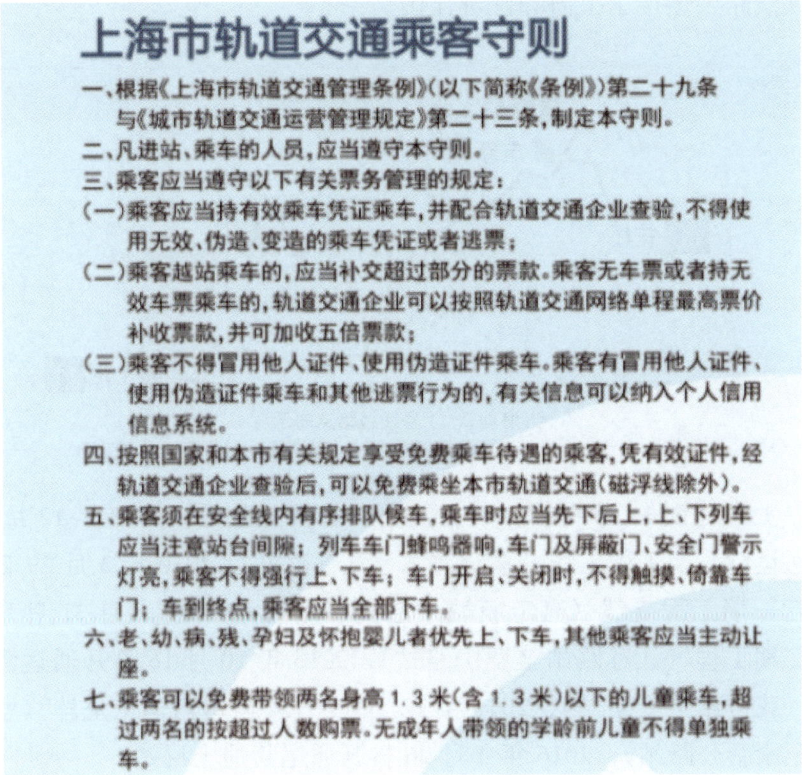

上海市轨道交通乘客守则

一、根据《上海市轨道交通管理条例》（以下简称《条例》）第二十九条与《城市轨道交通运营管理规定》第二十三条，制定本守则。

二、凡进站、乘车的人员，应当遵守本守则。

三、乘客应当遵守以下有关票务管理的规定：

（一）乘客应当持有效乘车凭证乘车，并配合轨道交通企业查验，不得使用无效、伪造、变造的乘车凭证或者逃票；

（二）乘客越站乘车的，应当补交超过部分的票款。乘客无车票或者持无效车票乘车的，轨道交通企业可以按照轨道交通网络单程最高票价补收票款，并可加收五倍票款；

（三）乘客不得冒用他人证件、使用伪造证件乘车。乘客有冒用他人证件、使用伪造证件乘车和其他逃票行为的，有关信息可以纳入个人信用信息系统。

四、按照国家和本市有关规定享受免费乘车待遇的乘客，凭有效证件，经轨道交通企业查验后，可以免费乘坐本市轨道交通（磁浮线除外）。

五、乘客须在安全线内有序排队候车，乘车时应当先下后上，上、下列车应当注意站台间隙；列车车门蜂鸣器响，车门及屏蔽门、安全门警示灯亮，乘客不得强行上、下车；车门开启、关闭时，不得触摸、倚靠车门；车到终点，乘客应当全部下车。

六、老、幼、病、残、孕妇及怀抱婴儿者优先上、下车，其他乘客应当主动让座。

七、乘客可以免费带领两名身高 1.3 米（含 1.3 米）以下的儿童乘车，超过两名的按超过人数购票。无成年人带领的学龄前儿童不得单独乘车。

上海市轨道交通乘客守则（节选）

15 世界上最长的地铁在哪

世界上最长的地铁线路就在中国，在中国的上海。

上海地铁 11 号线全长 82.8 km，是中国第一条跨省级行政区域的地铁线路，连接了上海和江苏昆山。

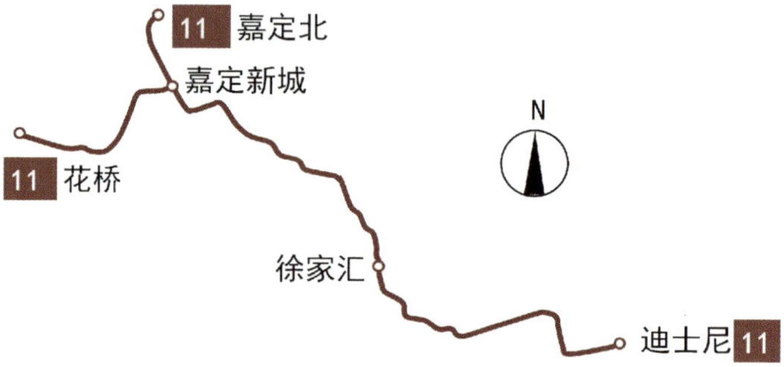

上海地铁 11 号线线路走向示意图

上海地铁 11 号线于 2007 年 3 月 1 日开工建设，2009 年 12 月 31 日开通运营一期工程主线（嘉定北站至江苏路站），2010 年 3 月 29 日开通运营一期工程支线（嘉定新城站至安亭站），2013 年 8 月 31 日开通运营二期工程（江苏路站至罗山路站），2013 年 10 月 16 日开通运营花桥段（花桥站至安亭站），2015 年 12 月 19 日开通运营迪士尼段（罗山路站至康新公路站），2016 年 4 月 26 日开通运营迪士尼站。

上海地铁 11 号线呈“西北—东南”走向，线路主线起自嘉定区嘉定北站，途经普陀区、长宁区和徐汇区，终点止于浦东新区迪士尼站，支线西起江苏省昆山市花桥站，终点止于嘉定区嘉定新城站。11 号线全线共设 39 座车站，其中 15 座高架站、1 座地面车站、23 座地下车站，设计最高时速为 100 km/h。

通过这条地铁，上海人民可以便捷地到达昆山，同样也方便了昆山

上海地铁 11 号线花桥段高架区间

人民来上海。这条地铁连接了沪苏，大大推进了两地经济、文化等方面的交流，甚至由此出现了住在花桥、上班在上海的“潮汐上班族”。

上海地铁 11 号线还设有特色列车。迪士尼专列的车身上喷涂了迪士尼的经典卡通形象，包括米奇、米妮、高飞、唐老鸭等。另外，列车内部也喷涂了迪士尼卡通人物形象，车顶则喷涂为蓝天的颜色。迪士尼站也同样采用明亮、鲜艳的色彩装扮，进入其中犹如步入童话世界。

上海地铁 11 号线迪士尼站

16 世界上最短的地铁在哪

通常情况下，地铁线路走向往往贯穿东西或南北，且里程较长。然而也有例外，有一条地铁全程只有 600 m，堪称全世界最短的地铁。这条独特的地铁线名为“杜乃尔”，位于土耳其的伊斯坦布尔，早在 1875 年就已正式完工。“杜乃尔”在土耳其语中就是“隧道”的意思。杜乃尔地铁线只有始发站和终点站两个站点，它连接了伊斯坦布尔最繁华、最富裕的两个地方——山上的富人区和山下的港口区，这给富人们的日常出行带来极大便利。最初，它是马车行走的隧道，全部是马车通行；1910 年，当地政府将其改为铺设轨道，由电车行驶。

至今，该线仍保持正常运营，行车间隔为 3.5 min，每次单向旅程耗时仅 1.5 min。

虽然，杜乃尔地铁只有两站，乘坐地铁的出行时间甚至并不比骑行或是步行少，但由于这条地铁历史悠久，当地民众对它有着很深的

伊斯坦布尔掠影

感情，所以他们宁愿花时间排队也要支持这趟地铁的运营。从某种意义上来说，杜乃尔地铁的历史价值明显高于使用价值，它不仅是当地民众的情感寄托，还成为带动当地旅游业发展的一股重要力量。

穿越隧道的杜乃尔地铁

杜乃尔地铁进站

17 世界上最快的地铁在哪

目前，全世界最快的地铁线路在中国，它就是北京地铁大兴机场线，最高速度达到了 160 km/h，几乎和火车的速度不相上下！

要知道，1863 年首条地铁在英国伦敦诞生时，中国还处于一个非常落后的时期，地铁这种先进的交通工具在当时是国人想都不敢想的。

但是，改革开放后，我国的经济和基础交通建设都有了质的飞跃，地铁建设也处于国际领先水平，除了拥有目前世界上最长的地铁线路外，还拥有世界上最快的地铁。

北京地铁大兴机场线，从草桥站到达大兴机场，全程 41 km 用时只需 19 min，比普通地铁速度快一倍。对于地铁来说，这样的速度的确令人咋舌。这让我们不禁感叹我国地铁建设发展之迅猛，一举超越了世界上任何国家！

北京大兴机场线站台

不仅世界上行驶速度最快的地铁线路在我们国家，行驶速度排名第二的地铁线路也在中国，它就是上海轨道交通 16 号线，其设计最高速度可达 120 km/h。这充分说明，科技发展起步晚算不了什么，一时的落后也不代表永远落后，只要坚持努力，不断进步，总有一天会迎头赶上的！

上海轨道交通 16 号线

上海轨道交通 16 号线滴水湖站

18 世界上最深的地铁在哪

各个国家、各个城市的地铁站埋深都是不同的。地铁站的结构深度与地质环境和车站是否是换乘站有关。正常的地铁站埋深大约在地下 20 m。

圣彼得堡地铁站

通往圣彼得堡地铁站台的自动扶梯

俄罗斯圣彼得堡的地铁有很多车站的埋深都超过了 50 m。在港铁系统中，最深的车站是港岛线的香港大学站，埋深为 70 m。乌克兰首都基辅的地铁 1 号线兵工厂站因为设在山体中，因此其距离地表足足有 105.5 m。

然而，这些都不是世界上最深的地铁车站。

朝鲜首都平壤的地铁称得上是世界上埋深最深的地铁，其最大埋深约 200 m，相当于 60 层高楼的高度。

朝鲜平壤的地铁站的埋深之所以那么深，除了基本的交通运输需求以外，可能还有两方面原因，一是充当防空洞，以备战时所需；二是保护地面建筑不受影响。因此，平壤地铁仿照莫斯科地铁建在很深的地下。

平壤地铁最深处可达地下 200 m，平均埋深为 100 m，从地面乘电动扶梯到站台需要 3 min。

平壤地铁还有一个特点，它没有空调，但由于建造深度够深，因此也能够做到“冬暖夏凉”，这样也省了不少空调费用。

平壤地铁站内部相当豪华，柱子、走廊甚至整个月台都用上好的大理石装饰，顶上装有富丽堂皇的吊灯，两旁各有 80 m 长的镶嵌壁画。

平壤地铁站

19 世界上车站数最多的地铁系统在哪

纽约地铁（NYC Subway）是美国纽约市的城市轨道交通系统，也是目前世界上车站数最多的地铁系统，由纽约大都会运输署（Metropolitan Transportation Authority，MTA）营运。

纽约地铁是世界上历史最悠久的城市轨道交通系统之一，同时也是国际地铁联盟（Community of Metros，CoMET）成员之一，纽约地铁的第一条线路于 1904 年 10 月 27 日通车，起始于百老汇的市政府站，终止于百老汇大道和 145 街的交叉口。

纽约地铁系统从 1904 年开通第一条线路之后，一直在加大自身规模，其最初的第一条线路长度为 9.1 mile[①]，仅有 28 座车站。但是，随

纽约地图上的轨道交通线路

① 1 mile=1 609.344 m。

纽约地铁

纽约交汇的多条地铁线路

着纽约的城市和经济规模不断发展，纽约逐渐成为全美国最繁忙的城市，为了缓解交通压力，上百年来纽约市政府一直没有停止过地铁的修建。

以车站数量来计，纽约地铁是世界上最庞大的城市轨道交通系统。如今，纽约地铁已有 472 座车站投入使用（此数据将换乘车站重复计算，若不重复计算则为 424 座），商业营运路线长度约为 394 km（约 245 mile），用以营运的轨道长度约为 1 070 km（约 665 mile），总铺轨长度约为 1 367 km（约 849 mile）。

这条美国最繁忙的地铁系统，工作日平均每天的客流量约为 560 万人次，可以说，纽约地铁已成为纽约最重要的交通工具。如果把美国喻为车轮上的国家，那么纽约就是地铁上的城市。纽约地铁一旦停运，整个纽约的交通就将瘫痪。

纽约地铁车厢内坐满了乘客

20 世界上最拥挤的地铁在哪

我国北京、上海等城市地铁的拥挤程度已经让人觉得不可思议了，但是世界上最拥挤的地铁却并不在中国，而在日本东京。

东京地铁的建设比较早，东京是亚洲第一个建造地铁的城市，东京地铁的线路总里程约为 304.1 km（2020 年统计数据），比起世界上最长的地铁轨道系统——上海地铁，要少了近一半的里程。

东京地铁系统全线一共分为 13 条线路（东京 Metro 地铁共 9 线、都营地铁共 4 线），建有 285 座车站，相比世界著名的纽约地铁的 472 座车站，还有中国北京地铁的 428 座车站（截至 2020 年 12 月），东京地铁的车站数量并不算多。所以，其拥挤程度可想而知，挤完东京地铁再看北京、纽约地铁的拥挤程度，那真是小儿科了，敢在高峰

大量人群进入地铁站

期去挤东京地铁的人，都是“勇士”！东京地铁是全球客流量最大的地铁系统，也是最拥挤的地铁系统。

东京是日本的政治、经济和文化中心，也是世界上最繁华的城市之一。但是，和纽约相比，东京的土地面积要小得多，人口也更为密集，因此，城市轨道交通的运行压力就更大，拥挤程度位居世界第一也就名副其实了。

回望历史，东京的地上轨道交通建设大约始于 1872 年。1917 年，早川德次提出修建地铁的申请。1927 年 12 月，东京开通了第一条，亦是亚洲第一条地铁运营线路——银座线上野—浅草段。这条线路不仅改变了东京人的生活方式，还使人们的活动空间和范围不断扩大。1940 年，已基本完成了这座城市目前的所有地上轨道交通网络。

随着东京轨道交通建设的发展和推进，“以车站为中心，建立起商圈，慢慢发展为城市中心”的模式使得东京逐步出现了像新宿、涩谷这样的副中心。如今，东京的轨道交通在交通分担率中所占比重已超过 70%。

行驶中的东京地铁列车

地铁列车到站停车

21 地铁里手机信号为什么那么好

“喂，喂，你说什么，我听不清，手机信号不好……”，当我们乘坐汽车或火车穿过隧道的时候，经常会碰到上述情况，上一秒通话还非常顺畅，下一秒信号突然就断了。

那么，隧道里为什么手机信号容易中断呢?

手机信号是根据电磁波信号传播的，它无法直接穿过厚厚的岩土体。同时，架构起隧道内部的钢筋水泥也足够厚实，电磁波信号经过岩土体和隧道墙体时被层层削弱，最后手机接收到的信号几乎为零。

那么，同样是在地下，地铁里手机信号为什么那么好呢?

要让手机在地铁里有信号，这可不是一件容易的事。它需要在地铁里搭建支撑信号传输的“血液循环系统”，就好比人体所有的细胞、器官要想正常运转，就需要血液循环系统运输 O_2 和 CO_2 一样，我们称之为“覆盖系统”。

当前，地铁日均客流量巨大，这么多需要信号的手机都需要依靠覆盖系统带去“O_2”带走“CO_2”，在手机信号层面，我们称之为上行数据和下行数据，也就是上传和下载。这套给手机信号使用的“血液循环系统”，是由分布式天线系统（Distributed Antenna System，DAS）和漏缆组成的。

先来讲讲站厅、站台的 DAS 系统，其实 DAS 也是 4G 时代普遍使用的传统覆盖系统，正在刷手机的朋友们不妨抬头看看，天花板上应该有不止一个白白的倒立“蘑菇头”。

手机信号顺着藏在吊顶里面的一根根信号线，像血管一样将信号输送到“蘑菇头”，这样的“蘑菇头”就像大草坪用的洒水喷头。然后，由“蘑菇头”将信号最终喷洒给站厅及站台上的手机用户。

车站有信号了，那隧道呢？毕竟场景不一样，手机信号传递的“洒水”方式也会有所不同。手机信号兵分两路的另外一条路，就是通过我们上面提到的漏缆，把信号传输到隧道里。咱们可以简单地把漏缆理解为“滴灌”模式，就像表面多了很多孔洞的水管，信号通过这些孔洞，自然就分布出去了。

“蘑菇头”

隧道内的电缆

22 地铁除了运送乘客，还有什么功能

地铁的功能只是运输旅客吗？

No！绝不仅仅如此！

虽说地铁发明的初衷是为了缓解城市交通压力，但地铁的能力可多了，还有一些少为人知的能力，让我们一一道来。

首先，地铁最重要的能力当然是客运。绝大多数的城市地铁系统都是用来运载市内通勤的乘客，因此，地铁成为了城市交通的骨干。地铁在许多城市的交通中已担负起主要的乘客运输任务。莫斯科地铁是世界上最繁忙的地铁之一，近年来，每天运送的乘客达 900 多万人次，担负了全市客运量的 45%。2019 年，东京地铁日均客运量为 755 万人次。

地铁隧道内的人防门

其次，地铁可以承担货运。比如，美国的芝加哥曾有用来运载货物的地下铁路，英国伦敦亦有专门运载邮件的地下铁路。但两条铁路已先后在 1959 年和 2003 年停用。

第三，地铁可以用作人防工程。不少国家的地铁系统在最初设计时都把战争可能考虑在内，所以无论是地铁的建造深度还是人群控制方面，都同时兼顾日常交通和国防的需要。

第四，有些地方的地下铁路考虑建筑在地下不单是为了避开地面的繁忙交通和房屋，还可以避免地铁系统受到户外恶劣天气的破坏。如莫斯科地铁地面线 4 号线及 L1 号线，由于受到极端寒冷天气的肆虐，导致其维修费用远远高于地下线的建造及维修费用。

最后，地铁还是一种很好的文化宣传载体。目前，地铁站可以说是一个城市人流量最大的地方，日客流量一般都是百万人次起步，地铁已成为体现一个城市经济实力和现代化水平的重要标志。它不仅是地下交通的载体，更是传承城市历史、传播城市文化、展现时代潮流的综合平台。

莫斯科地铁的车身艺术

23 为什么莫斯科地铁被誉为“地下的艺术殿堂”

莫斯科地铁，全称为列宁莫斯科市地铁系统，被公认为是世界上最漂亮的地铁，其也享有“地下的艺术殿堂”之美称。

这主要因为其地铁站的建筑造型各异，其中以莫斯科地铁 1 号线最为有名。这条建于斯大林时期的线路最为华丽，具有强烈的复古风格。此线几乎每个车站都由国内著名建筑师设计，且各有其独特风格，建筑格局也各不相同，多用五颜六色的大理石、花岗岩、陶瓷以及五彩玻璃镶嵌出各种浮雕、雕刻和壁画装饰，另外，照明灯具也十分别致，车站看起来好像富丽堂皇的宫殿。

精美的车站装饰

当你见过莫斯科地铁，就知道再多的词汇也难以形容它的美。

在莫斯科近200座地铁站中，有44座被列为“文化遗产工程”，每一座车站都有自己的独特设计。让我们一起来领略一下它们的美。

革命广场地铁站是莫斯科市中心的地铁站，站内有许多工人、农民、水手、士兵、学生等青铜雕塑，代表着俄罗斯辉煌的过去和光明的未来，展现出了浓厚的爱国主义风格。

马雅科夫斯卡娅站的艺术玄机都暗藏在天花板上的圆形灯洞内，

地铁站内的青铜雕像

马雅科夫斯卡娅站的大厅

每个灯洞内都镶嵌着苏联著名画家杰伊涅卡创作的马赛克壁画，以时间为序，描绘着这片国土上的24小时。在俄罗斯人民心中它不仅是最美的车站，还是守护他们的堡垒。在苏德战争期间，这座地铁站是人民地下生活的中心和主要的防空洞，保护了五万人的生命。

共青团站的站台顶部精巧的马赛克镶嵌画、精美的浮雕、富丽堂皇的吊灯……让人仿佛重返过去。这里的设计主题是爱国主义，该站是为了纪念苏联人民在伟大的苏德战争中取得胜利而设计修建的，激发了人们强烈的民族荣誉感，使人们对祖国的未来充满信心。

然而，在如此庞大的交通系统中，为什么会诞生出这般地下宫殿？

这一切都源于当时苏联的最高领导人——约瑟夫·维萨里奥诺维奇·斯大林。

共青团站内景

将莫斯科打造成无产阶级的“新罗马”是斯大林的愿景，为此他希望在莫科建造“人民的宫殿”一样的地铁系统。

莫斯科各地铁站内华丽的通道

24 世界上最接近地面的地铁在哪

1971 年，中国开通了第一条地铁——北京地铁，其 20 m 左右的埋深是当时国际通用标准，而在随后援助朝鲜修建的平壤地铁，其埋深为 200 m，是目前世界上最大埋深。天津作为我国第二个修建地铁的城市，其第一条地铁在修建时采用了许多新技术、新理念。然而，相较于北京地铁和平壤地铁，最大的不同就是天津的第一条地铁是世界上最接近地面的地铁，平均埋深仅为 5 m，最浅埋深只有 2 m。

为什么天津地铁 1 号线最浅埋深仅距离地面 2 m 呢？

1976 年开通的“7047 工程”是天津地铁的雏形，这条世界上最接近地面的地铁线路是 1970 年开始建造的，当时恰逢国际环境动荡，这条地铁线路原本是作为军事地下堡垒建造的，并没有考虑日后的民用条件。在那个没有专业工程设备的年代，天津地铁 1 号线是通过从地上挖掘的方式施工的，当时地铁工程在国内尚没有任何示范，北京地铁当时也正处于探索阶段，还未建成通车。

当年天津地铁 1 号线站台实景

（图片来源：https://www.zswxy.cn/articles/14748.html）

1976 年的唐山地震让天津遭受了重创，但是建筑师们发现，当时还在建造中的天津地铁 1 号线成功抵御住了地震的袭击，其安全性经受住了考验，于是天津地铁 1 号线继续按原定计划进行。

20 世纪 80 年代，随着国际环境的好转，这条地铁线路经过改建，逐渐转向民用交通运输方向，直至 1984 年才正式运营。于是，这条在地下用混凝土堆砌起来的隧道，成为天津第一条地铁。

平均埋深仅为 5 m，最浅埋深仅为 2 m，天津地铁 1 号线在工程行业内看起来是那么“另类”。在天津后续的地铁工程中，埋深过浅的地铁 1 号线无法与其他采用正常标准建造的地铁连成交通网络，于是这条世界上最接近地面的地铁线路在 2001 年正式停运。

当年天津地铁 1 号线施工现场

（图片来源：https://www.zswxy.cn/articles/14748.html）

25 为什么斯德哥尔摩地铁被誉为最有艺术氛围的地铁

当你第一次来到瑞典首都斯德哥尔摩的时候，你会发现这里的公共交通系统非常完善，无论在哪里都能看到地铁站。由于城市面积太大，地铁成了居民出行的首选。

充满艺术气息的斯德哥尔摩地铁车站

然而，斯德哥尔摩的地铁可不仅仅是让人民感受到出行的便利。从地铁站的装饰你能够感受到浓浓的艺术气息。斯德哥尔摩有100多座地铁站，而在每一个站点内你都能够看到不同的场景。因为独特的地理构造，所以斯德哥尔摩的地铁都是在岩石中穿行的。在这里，你看不到普通广告牌的呆板、无趣，入眼所见都是一些富有艺术气息的画作。你既能看到工人们是如何建造地铁的，又能从中了解到属于这里的历史文化。在它最原始的样貌中，你感受到的是自然和人为的完美结合。

在艺术家的塑造下，岩洞再也不是平平无奇的，而是成为一个集便利与艺术气息于一体的地铁站。艺术家们用自己最丰满的想象力为市民提供最好的视觉体验。虽然，斯德哥尔摩面积很大，可是常住人口数量却非常少。即使是在你所认为的人流量高峰期，也看不到拥挤和喧嚣的场景。在这样一个现代化的地方，你能够享受到属于它的独特与宁静。远远的，你还能看到老人在地铁站里安静地坐着看报纸。看到这样的场景，你不得不感叹他们对于生活的独特感受。

穿行于岩石中的斯德哥尔摩地铁车站

26 世界上海拔最高的地铁在哪

在大家的印象中，地铁应该都是存在于城市的地底下，但是位于阿尔卑斯山脉的萨斯费(Saas–Fee)，为了发展阿尔卑斯山脉的旅游业，居然另辟蹊径，在常人想都不敢想的阿尔卑斯山上，修建了一条海拔达 3 500 m 的登山地铁，这可跟世界上最陡峭的铁路有得一拼。

这个名叫阿尔卑斯地下登山火车(Metro Alpin)的地下缆车，顺理成章地成了世界上海拔最高的地铁线路。不过，这条线路也不能完全称之为地铁，因为它采用的是地下缆车的形式，而不是传统的地下轨道列车，但是它依旧是在地面以下运行，所以一般会把 Metro Alpin 认为是世界上海拔最高的地铁线路。

作为萨斯费开发阿尔卑斯山旅游产业的主要项目，列车会从地底穿过阿尔卑斯山中 3 000 多米长的冰川，而这种几乎是世界上最快的登山方式，仅需 10 min 游客就可穿过阿尔卑斯高耸的冰山，从萨斯费到达世界上最高的旋转餐厅——阿拉林旋转餐厅。

阿尔卑斯山登山火车

Metro Alpin 修建在阿尔卑斯山体之中，游客在游览阿尔卑斯山时，一定不会相信在这风景秀丽的群山之中，居然还隐藏着一条登山地铁，而地铁轰隆隆的运行声也经常会被游客误认为是阿尔卑斯山上发出的阵阵雷声。

萨斯费这座位于海拔 1 800 m 处的小镇，充满了各具特色且富有年代感的欧式建筑。坐上这条极为复古的登山地铁，只需片刻你就能站到海拔 3 500 m 的高山车站，走出列车车厢迎面而来的便是那明媚的阳光，带着阿尔卑斯山新鲜的空气，让你不自觉地沉浸其中。

阿尔卑斯山上的车站

27 世界上最长的无人驾驶地铁在哪

如今，无人驾驶不再是科幻片中的想象，无人驾驶汽车已经上路测试，而无人驾驶地铁更是开始了商业应用。

迪拜的无人驾驶地铁是目前世界上最长的全程无人驾驶地铁，线路长达 75 km，耗资 500 多亿元人民币。

迪拜作为阿拉伯联合酋长国的贸易之都，它也是该国人口最多的城市，人口流动非常大，交通非常拥堵。为了解决交通问题，迪拜规划建设了这条豪华的无人驾驶地铁。

这条地铁装修豪华，灯光美丽，乘坐地铁简直就是贵宾般的享受。

无人驾驶的地铁列车，在信号系统的自动控制下，列车具备全自动运行、自动进/出站、自动开/关门、自动唤醒/休眠等功能，还能主动诊断故障，能顺便给自己“洗澡”。无人驾驶列车的安全性和可操

迪拜无人驾驶地铁

控性比人工驾驶列车要强得多。

无人驾驶列车好处多多，想体验的国人也不要着急，在我国已有多条地铁线路实现了无人驾驶，如北京首条无人驾驶地铁——北京地铁燕房线、北京地铁大兴机场线、上海首条全自动无人驾驶 APM 浦江线、上海地铁 10 号线、广州首条无人驾驶地铁 APM 珠江新城线、港铁南港岛线等。其中，北京地铁燕房线是我国第一条具有完全自主知识产权的轨道交通全自动运行线路，于 2017 年 12 月 30 日通车运营。

对无人驾驶地铁感到好奇的乘客在车头观望

28 地铁运营时间最长的纪录是由谁创造的

我国地铁最长连续运营时间是由北京地铁保持的。2008 年北京奥运会开幕式是在 8 月 8 日举行的，当天北京地铁从早上投入运营后就没有停止过，直到 8 月 10 日凌晨 2 点，这是国内地铁有史以来第一次长达 45 h 的不间断运营。这个运营时长对于我们来说或许难得一见，但对于纽约地铁而言就是一件平常事，因为纽约地铁是全年 24 h 运营。那么，他们是怎么做到的呢？

纽约地铁能够做到全年 24 h 运营是有原因的，它的线路设计与我们的地铁线路有所不同。纽约地铁一条线路上有 3～4 条轨道。站台中

运行中的纽约地铁

间的轨道用来开行快车，它只停客流量较大的车站，客流量小的车站则不停车直接通过，而其他轨道开行慢车，每个站都要停车，不区分客流量大小。

纽约地铁运行到后半夜会减少运营的列车数量，这样就可以完成对列车的检修维护。同时，它不再使用多条轨道运营，而是仅使用其中的 1～2 条来保持运营，其他空闲下来的轨道则进行维护保养，而每天空闲下来的轨道都不同。所以，就算纽约地铁 24 h 运营也不会影响正常的检修作业。

纽约地铁 24 h 运营，从一个侧面反映了纽约的经济发展水平，除此之外，纽约全天候运营地铁，也方便了加班或者上夜班的人回家，展现出纽约交通运营设计的人性化。

纽约第一条地铁是 1904 年通车的，比我国 1971 年试运营的第一条地铁早了 67 年，截至 2022 年它已运营了 118 年。

纽约地铁站台

29 世界上总里程最大的地铁网络在哪

上海地铁（Shanghai Metro）是指服务于中国上海市和上海大都市圈的城市轨道交通系统，是世界范围内线路总长度最长的城市轨道交通系统。截至 2021 年 6 月，上海地铁运营线路（不含金山铁路）共 19 条（含上海磁浮列车示范运营线），设车站 460 座（含上海磁浮列车示范运营线 2 座），运营里程共 772 km（含上海磁浮列车示范运营线 29 km）。

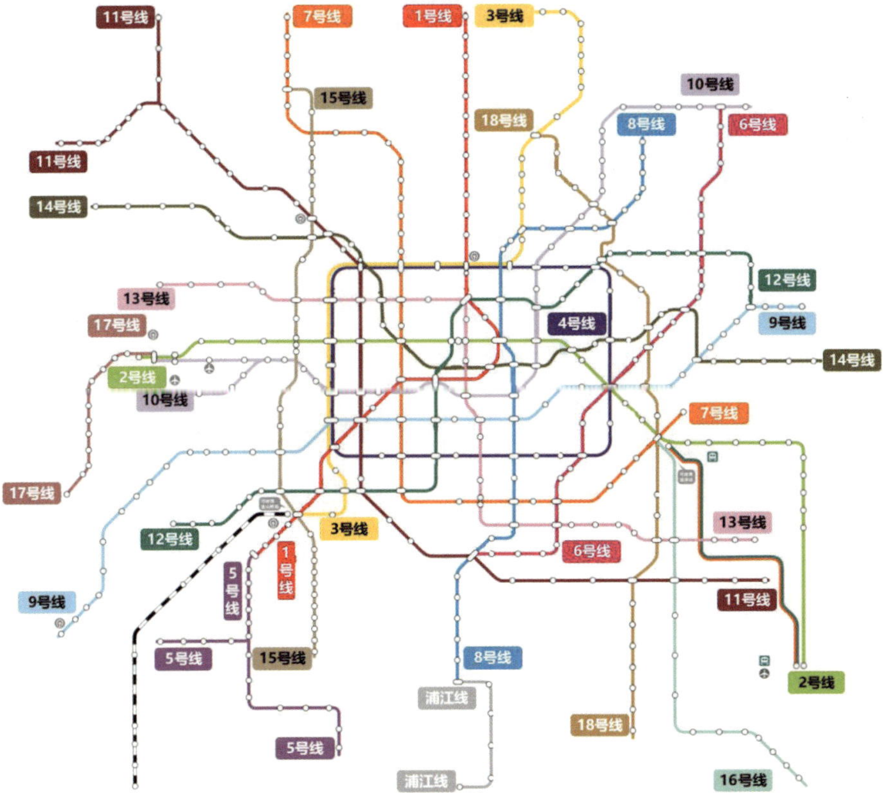

上海地铁路网

截至 2021 年 6 月，上海地铁在建线路共有 9 条，分别是 2 号线西延伸段、13 号线西延伸段、14 号线、17 号线西延伸段、18 号线一期北段、18 号线二期、崇明线一期、机场联络线和嘉闵线，在建里程共 223 km。根据规划，上海市城市轨道交通 2030 年线网总长度约为 1 642 km，其中地铁线 1 055 km，市域铁路 587 km。

透过上海地铁的发展历程，我们看到了艰难中不畏困难仍旧坚持前行的勇气与智慧。

1956 年 8 月 23 日，根据中共中央关于防止帝国主义突然袭击的指示，上海市政建设交通办公室编制并提交了《上海市地下铁道初步规划（草案）》，成立上海市地下铁道筹建处，对上海轨道交通开展了规划设计、方案论证和实验研究。由于上海地区地层条件差且复杂（软土地基），当时苏联专家认为上海不宜建设地下铁道线路。

20 世纪 60 年代初，上海市的轨道交通网络形成了环形加放射线的规划。

1962—1983 年，上海市先后进行了三次较大规模的地下铁道工程试验。

1990 年 1 月 19 日，上海地铁 1 号线正式开工建设。

1993 年 5 月 28 日，上海地铁 1 号线南段（徐家汇站—锦江乐园站）开通观光试运营，线路全长 6 km，共设 5 座车站，开启了上海的轨道交通时代。

30 安全乘坐地铁的注意事项有哪些

虽然，大城市中的上班一族乘坐地铁已是每天的“必修课”，但对其他人而言，乘坐地铁仍是一件偶尔为之的事。所以，让所有乘客都知道安全乘坐地铁的注意事项是一件极为重要的事。涉及地铁安全有以下几种情况。

情况 1：随身物品掉下站台。

若是随身携带的物品掉下站台，则切不可情急之下跳入站台捡拾，以免触电或被行驶的列车撞到。此时，应该第一时间向现场工作人员寻求帮助，工作人员将会处理好现场，并用专用的绝缘工具帮助捡拾掉落物品。

情况 2：人员掉下站台。

若因脚下打滑等意外事件导致人员不慎掉下站台，掉落人员首先应大声向站台边的工作人员呼救，以寻求帮助。工作人员发现后会立

地铁列车进站

安全乘车地面标识

即采取关停电源等停电措施以进行人员救助。掉落人员切忌盲目爬上站台，以免发生触电事故。通常，给列车供电的轨道被称为第三轨，在列车两条走行轨的旁边，它有 750 V 的高压电，不能轻易触碰。若掉落人员十分确定轨道不带电，则可第一时间自行爬上站台。

若人员掉下站台时，恰巧有列车驶来，此时最有效的躲避方式是立即紧贴里侧墙壁站立，因为带电的接触轨通常在靠近站台的一侧，注意使身体尽量紧贴墙壁以免列车剐到身体或衣物。在这种情况下，切不可就地趴在两条铁轨之间的凹槽中，因为地铁和枕木之间没有足够的空间使人容身。

情况 3：其他注意事项

（1）不携带易燃易爆物品乘坐地铁。

（2）候车时，有序排队，不嬉戏打闹，不越过黄线。

（3）地铁列车到达车站停稳后，按照地面箭头指示方向排队上下车，先下后上，不拥挤。

（4）留意屏蔽门和列车门开关，当屏蔽门灯和车门灯闪烁以及关闭的警铃鸣响时都不要上下车。

（5）乘车时紧握扶手，不倚靠车门，以免影响车门开启。

31 我国地铁为什么不通宵运行

如今，地铁已成为人们出行非常重要的一种交通方式，但是它并非通宵运行的，这给喜欢夜生活的年轻人和一些下夜班的人带来了不便。

那么，为什么我国地铁不是 24 h 运行呢？有很多人猜测，白天人流量很大，到了晚上，特别是后半夜的时候，基本上没有多少人乘坐地铁，如果地铁一直运行的话成本就会大大增加，所以地铁才不通宵运行。但其实这并不是真正的原因。

就像人类忙碌了一天后就需要休息一样，地铁在运行了一天后，晚上也需要养护维修。当车辆结束一天的载客任务回库之后，虽然表面上看起来车厢、轨道等依然如故，但实际上可能已出现磨损、松动

停车库内的地铁

等不安全隐患，这就需要养护维修人员用一整夜的时间来为第二天运营的地铁车辆的各项设备做全面检查。每一趟列车都会有几十项的检查维护工作。

指挥人员指挥列车回到库中，之后便开始全面的夜间工作。车辆工作人员检查每一个车轮和连接器，轨道检查人员检查每一寸轨道，信号通信人员检查地铁的各项系统是否正常，供电人员需要确保电力的正常供给，专业技术人员则检查设备内部有没有问题。

地铁承担着为广大市民提供安全便利出行的任务，而地铁列车的安全可靠是能够为乘客提供便利出行的前提条件。这就是为什么我国地铁不通宵运行的真正原因。

地铁工作人员正在检查车内控制装置

32 为什么香港各地铁站有不同的主色调

细心的你肯定会发现不少地方地铁其每个站的主色调都不一样，这些色彩的力量真的很强大，下面带你到香港的各个地铁站去领略一番其魅力。

旺角站是红色的，金钟站是海军蓝，彩虹站的墙上正是如彩虹般绚烂的色彩。为什么每一个站点都有属于它自己的颜色呢？这些不同的颜色又代表着什么？

关于这些颜色的设计，第一个解释是关于“平衡”。距离地面几十米的地下没有窗口，所见之处只有令人抑郁的黑暗，而色彩与美好、光明紧密关联，在地下深处，色彩赋予了各地铁站独有的“阳光”形

香港九龙站

式，点亮了各个站点。

同时，颜色也具有功能性，通过赋予各站点专属的颜色，以帮助人们区分不同的站点。因为在地下，人们不能像乘坐巴士或者轿车旅游时那样能通过身边的地标性建筑物来进行识别。

不同的站点以不同的颜色来区分，因为色彩能够起到帮助人们识别不同系统的作用。对于那些重要的站点，采用对比强烈的红色来作为区分，并用于荃湾站、旺角站或者中环站来提醒乘客，让他们知道自己处于中转换乘站或者终点站的位置。

当“地铁色盘”不断发展变化时，同样也要避免使用相同的色彩在两个相邻的站点。例如，蓝色被应用在美孚站，并且与玫红色的荔景站和橘色的荔枝角站这两个重要站点形成强烈对比。

还有很多站点的色彩是根据这些站点的中文名创造出来的。比如，彩虹站就采用了如彩虹般的色彩，还有黄色被应用在黄大仙站上，就

香港柯士甸站

是因为“wong”是“黄”的意思。“lai chi kok”（荔枝角站）被应用了暖调的黄色主要是因为“lai chi”是“荔枝”的意思。爱德华王子站的代表色为紫色，这是因为紫色在西方文化中通常代表着皇家色彩。

同时，建筑师们也创造了一系列的色彩来表现和传达一些站名的意思。钻石山站主要是黑色的，但是添加了一点较为少见的如同马赛克工艺里白色砖块一样的色彩。这种设计的目的是试着创造出当你从不同角度看站名时也能看到所折射出的如同钻石般闪耀的效果。

黄埔站选用了蓝色是因为该站靠近水，何文田站选用了绿色是因为它近山。对于海洋公园站来说，应用的是蓝色渐变，象征着海洋。

现代地铁不仅仅是交通运输工具，它更多地体现了一个城市、一个地区的文化风貌。作为设计师，要懂得颜色搭配，采用有意义的色彩与周围的环境和主题更好地贴合，让乘客不仅能容易识别站点，还多了一份美的享受。

33 有没有吊着开的地铁列车

在庞大的轨道交通家族里，有一种列车是在轨道下面吊着开的，它有一个专业名称叫“悬挂式单轨铁路”，而挂在轨道上的列车即为“悬挂式单轨电车”，也有人称之为“空中轨道列车”，简称“空轨”，轨道在车的正上方，行驶中既不受雨雪天气影响，也不会有脱轨风险。

悬挂式单轨铁路是单轨铁路的一种，特点是使用的轨道只有一根，而非传统铁路的两根平衡路轨。早在 1893 年德国人 Eugen Langen 便发明了悬挂式单轨交通。1898—1901 年，著名的悬车之城——德国鲁尔区伍珀塔尔修建了一条长 13.3 km 的悬挂式单轨铁路，途中经过 20 个站点。这是世界上最早、历史最悠久的悬挂式单轨交通，至今仍在使用。

德国的悬挂式单轨铁路

最早研发空轨技术的国家是德国，除了1901年就投入使用的全球第一条空轨外，德国于1984年和2002年又分别投入使用了两条空轨，且都运营至今。除了德国，日本在1988年也开通了空轨，如千叶单轨。

中国是继德国和日本之后第三个掌握空轨技术的国家，目前我国在青岛、成都、开封和武汉建成了4条试验线，而且在恩施设计了一条旅游商业线，采用的是目前世界上最先进的且是中国自己的技术。另外，上海、长沙、昆明、中山、连云港等城市也都在计划开建空轨。

这种交通方式有不少优点，比如：空轨占地面积小、不影响地面交通、有利于缓解交通堵塞、环保无废气排放、建设和运营成本相较于传统地铁和轻轨更低。它能有效利用道路中央隔离带和城市低空，尤其适用于建筑物密度较大的狭窄街区、居民聚集区以及一些风景旅游区。

悬挂式单轨车站

当然，空轨亦有局限性：第一，其对载重量的要求较为严格，一次搭载人数必须控制在一定范围内；第二，空轨的速度慢于地铁，运载能力更为有限；第三，空轨除了进出车站以外大部分时间都是悬空的且离地垂直距离较大，一旦出现紧急情况，乘客逃生应急机制将是前期必须考虑的问题。

日本千叶都市单轨列车

34 有没有斜着开的地铁列车

在以色列的海法市，有一条神奇的地铁，它是斜着的，无论列车、站台还是轨道，全部都是斜着的。

海法（英语：Haifa）是希伯来文“美丽的海岸”之意，它是以色列北部的港口城市，西濒地中海，背倚迦密山。目前，海法是以色列第三大城市，仅次于耶路撒冷和特拉维夫，该市面积为 854 km^2，人口约 26 万人。

海法地铁为当地旅游增色不少。海法地铁是以色列的第一个地铁系统，始建于 1956 年，1959 年开始运营。1986 年，地铁封闭装修，1992 年才重新开通。海法地铁亦是一条迷你的地铁线路，共设 6 个站，其隧道全长也只有 1.8 km，其客源主要以观光客为主。

说是地铁，其实海法地铁是缆索铁路，结合了索道与登山铁路的

以色列海法美景

技术，专门用来攀爬陡峭的山坡。海法地铁始发站与终点站之间的海拔差有 274 m。

海法地铁的每个车站都建在山坡上，月台都不是一大块平地，而是像大楼梯。如此一来，地铁车厢内部自然也不可能是平的，它也和月台一样像个楼梯，每节车厢的地面高度不同。

以色列海法地铁

35 什么是齿轨地铁线路

在瑞士雪山上有一条令人惊叹的登山铁路——皮拉图斯齿轨铁路，其最大坡度可达480‰，而一般的铁路可攀爬斜坡的坡度为40‰～60‰。

齿轨铁路（Rack Railway）是一种登山铁路，较适合作为线路客流量较小的山区观光旅游线路，也可作为矿井内运输线路，它通过独特的设计，使列车成功爬上陡峭的斜坡。

齿轨铁路是在普通路轨中间的轨枕上另外放置一条特别的齿轨。行走在齿轨铁路上的机车，配备了一个或多个齿轮，跟齿轨啮合着行走。这样机车便能克服黏着力不足的问题，从而顺利上陡坡。

瑞士齿轨铁路

符合现代齿轨铁路定义且最早成功应用的是1869年投入运营的美国华盛顿山齿轨铁路。1871年，瑞士瑞吉山开通了欧洲第一条齿轨铁路。随后50年，齿轨铁路高速发展，大量齿轨铁路修建完成。目前，全球约有30个国家开通了180多条齿轨铁路。

将齿轨形式运用于地铁便诞生了齿轨地铁线路。目前，里昂地铁C线是世界上唯一一条应用齿轨车辆的地铁线路。

里昂地铁C线的前身是1891年开通的一条钢缆轨道线路（登山轨道缆车），连接里昂北部高原地区和中部平原地区。1974年正式改造为地铁，由于线路坡度达到175‰，即使采用胶轮地铁也无法在这样的线路上通行，因此最终采用齿轨形式以加强其爬坡性能。

里昂地铁C线全长2.4 km，设站5座。全线拥有3座世界上罕见的倾斜地铁站，所有倾斜车站都配备了卡条，在列车停稳后会对准卡条卡住列车避免其下滑，这也是当时轨道缆车遗留下来的。

齿轨轨道

36 为什么重庆有最魔幻的地铁

重庆除了有魔幻的地形、魔幻的建筑，还有魔幻的地铁。

山城重庆是一座超大型城市，也是我国西南地区最大的工商业城市，总面积约为 8.24 万 km^2，辖 26 个区、8 个县、4 个自治县，常住人口为 3 205.42 万人。

重庆北有大巴山，东有巫山，东南有武陵山，南有大娄山，其境内山高谷深，沟壑纵横。这一独特的地形使得在山城的地铁别具一格。

独特的山地地形使得重庆以“轻轨 + 地铁”作为轨道交通的形式，立体感十足，列车穿梭于天上地下间，游走于山城之中。

重庆的夜景

重庆有一座以“时光隧道”著称的车站——牛角沱站。轨道交通2号线、3号线在该站垂直相交，换乘通道是一条观景走廊，从走廊两侧看出去，一侧是奔腾的嘉陵江，另一侧是盘旋的立交桥和街市景象。

著名景点李子坝站位于重庆市渝中区李子坝正街39号，是中国国内第一座与商住楼共建共存的跨座式单轨高架车站。

1998年，重庆市政府宣布将建设一条从市中心到新山村的轨道交通路线，线路规划在李子坝设有一个站点，与此同时，在李子坝相同地点，一栋居民楼的建造计划已敲定。于是，一道难题便摆在了轨道交通公司和房屋建筑商面前，究竟是车让楼还是楼让车。经过再三讨论，双方决定，楼和轨道车站同时建；同年5月，设计团队受房屋建筑商委托进行设计，图纸大稿至少改了6版，直至论证了设计方案对

重庆地铁李子坝站

穿楼而过的地铁

居民楼没有噪声和振动等影响，才最终定下设计方案。

魔幻之处不仅于此，重庆轨道交通 2 号线、3 号线线路中均存在 100 m 半径转弯，它们大多依山而建，在半空中划出一道急弯。透过车窗一边是烟火气十足的居民区，另一边则是郁郁葱葱的大森林。有人称经过这段时“如坐过山车”。但当你坐上地铁真实体验一番之后，可能会略感“失望”，取代过山车式感受的是车辆运行时的“四平八稳”，这主要是因为重庆轻轨在设计上充分考虑了弯道、坡度等因素，从而保证了乘客的乘用安全和舒适性。

红土地站是重庆轨道交通 6 号线与 10 号线的换乘站，位于重庆市江北区红黄路南北两侧。该站深 94 m，想要到达站厅，首先要乘坐约 7 min 的电梯，其实这个地铁站之所以会如此深，也是由于重庆的地形地貌特征所决定的。重庆这座城市不少的道路和建筑都是依山而建的，由于地质结构因素的限制，导致红土地站的埋深较大，且该站是目前中国最深的地铁站。

重庆地铁红土地站站内自动扶梯

37 什么是“四驱车公交”

有一种特殊的交通模式，它像轨道交通与公共汽车的结合体，既可以如普通公交车般接送乘客，又可以像轨道交通般有自己的轨道，从而避开道路拥堵，直达目的地。想象一下公交车在轨道上飞快“奔跑”的情景，这种模式也被称作导向巴士系统。

导向巴士使用胶轮车胎，半接受或全接受外来媒介的导向与限制。同时，它除了可以像普通公交车那样行驶在公用道路上，往往还能在专用的有轨道路上运营。

最早期的导向巴士（Kerb-Guided Bus，KGB）是在传统巴士车轮附近的位置安装水平导轮，倚着垂直的街道路边石进行导向。迄今为止，成功投入运营的导向巴士系统并不多。其中，澳大利亚南部阿德莱德（Adelaide）的 O-Bahn 算是运营得比较好的。

澳大利亚的 O-Bahn

O-Bahn 于 1986 年起分两阶段启用，1987 年实现全线通车。其路轨全长 12 km，全程有一座大型车站和两座换乘车站，分别为 Klemzig，Paradise 和 Tea Tree Plaza，采用互通式立体系统，并且公交专用道链接郊区路线，从而减少了乘客换车的次数和距离。导向巴士在轨道上的最高时速可达 100 km/h，走完整条路轨路段约需 13 min，轨道系统每小时可承载超过 18 000 名乘客。

其实，O-Bahn 只是在普通公交车的前轮后侧加了一个导轮，而导轮可以帮助车辆始终卡在轨道中央平稳行驶。除此之外，它和普通的公交车几乎没有区别。不过，也正是因为这一点，才使得公交调度更为灵活，交通系统更为高效。

随着阿德莱德东北部区域的开发，O-Bahn 系统逐渐替代了原有的 Tramway 轨道电车系统，成为阿德莱德市区联通东北部郊区的重要枢纽。O-Bahn 使得高速轻轨和普通道路公交车连接共享，从而避免了有轨电车造成的交通拥堵，同时，它也成为澳大利亚乃至全世界发展最成功、最经典的导向巴士系统。

当然，O-Bahn 在轨道段行驶时对轨道有极强的依赖性，因此，如果轨道上出现突发事件（如酒驾后的司机把车开入轨道），整条线路会陷入瘫痪。

目前，除澳大利亚外，导向巴士在英国、德国等国家也有实际应用。

38 什么是荣耀升降机

在里斯本（Lisbon），有一种古老的类似于电车的交通工具，它就是升降机。而在里斯本诸多的升降机中，格洛丽亚升降机（又名荣耀升降机）便是其中较为有名的一个。

升降机出现的缘由还要从里斯本说起。

格洛丽亚升降机上坡

里斯本是葡萄牙的首都，位于该国的西部，也是葡萄牙最大的城市和最大的港口。里斯本建立在山丘之上，城中遍布坡道，因此拥有“七丘之城”的别名。其中，Baixa 区是里斯本市中心相对低洼平坦的区域，东边的 Alfama 区和西边的 Chiado 区都在山坡上，人们通行时会比较辛苦。为了解决由于地形造成的高低区之间的交通问题，独具特色的升降机便应运而生了。

其实“升降机”就是行驶在山坡上的有轨电车。升降机主要运行在城市地面上，道路两旁即是当地居民的房屋。升降机在斜斜的坡道上运行的过程中，乘客们可以看到沿街居民楼墙面的各种涂鸦装饰，街头艺术美不胜收。

格洛丽亚升降机是由葡萄牙工程师 Raoul Mesnier du Ponsard 设计的，在里斯本随处可见，是里斯本使用人数最多的交通工具，特别受游客欢迎。它从中兴斗士广场 (Praça dos Restauradores) 出发，一路向上

格洛丽亚升降机下坡

往高区行驶，全程 265 m，直至到达上城（Bairro Alto）的阿尔坎塔拉的圣伯多禄花园（Jardim/Miradouro de So Pedro de Alcntara）。木质的车厢一次至多只能乘坐二三十名游客。

1885 年 10 月 24 日，格洛丽亚升降机正式对公众开放，当时使用水力发动。1886 年，其被改造成蒸汽发动。1915 年，变为电力发动。它虽然是在斜坡上运行，可升降机内的乘客们却一点也感觉不到，设计师专门设计了一个底盘，把升降机倾斜的部分垫高，使升降机内部整体处于一个水平状态。2002 年，它被列为葡萄牙国家历史古迹，亦成为历史和文化的见证。

39 开地铁要考“驾照”吗

开地铁是件严肃的事，必须要通过严格的专业化训练和考试。除必须满足年龄、视力、听力和基本能力要求外，要想获得地铁列车的驾驶资格，成为地铁司机必须经过考核且取得上岗证。地铁司机的“驾照考核”目前全国还没有统一的标准。通常情况下，地铁运营单位一般会与城市的职业院校、中专院校等签订协议，采用定向培养的方式来招收地铁司机。

学员首先要取得地铁驾驶证。相较于考取机动车驾驶证，考取地铁驾驶证的形式更为复杂、内容更加广泛，下证周期也更长。具体而言，学员需要经过安全培训、理论学习与考核、模拟驾驶与一次出乘考试等一系列环节，在获取地铁或者快轨电动列车学习证后，再经过熟悉线路、学员车驾驶、跟师载客等环节，最终考核成绩合格者才能获得地铁驾驶证。

司机在驾驶地铁

在拿到驾驶证后，准司机们仍然需要再学习升级，包括理论与故障处理学习与测评、跟师实习、双司机驾驶、独立驾驶等。当完成一系列升级操作，且司机本身在具备理论素养过硬、技能实操娴熟、应急处置得当等驾驶条件前提下，经考核评估合格后，才能获得独立驾驶电动列车的资格。

地铁驾驶室操控台

在正式成为一名地铁列车司机后，肩负的责任是很重大的，为保证安全行驶，地铁列车司机每天都要写行车手册，要预想在行车过程中需要注意的事项以及如何应对，确保开车时不管遇到什么情况都能做到心中有数。同时，需要在发车前做好安检工作，进行内部检测，避免列车出现问题而没有及时处理。

40 地铁无人驾驶安全吗

时代在发展，科技在进步。伴随智能化、信息化技术的日新月异，比自动驾驶更胜一筹的“无人驾驶”也在迅猛发展。

那么“无人驾驶”安全吗？乘客们有时会觉得没有地铁司机心里总是不踏实，要是遇到突发情况怎么办？

放心，“无人驾驶”只是没有司机而已，但并不是无控制，车辆是在地铁控制中心的精准操控下运行的。地铁控制中心的任务就是使车辆的各电力系统协调运作，使机车安全、准确地到达目的地。通常地铁控制中心建在某一车站内，与运行着的列车有一定的距离。那么，它究竟是怎样控制地铁列车自动运行的呢？

地铁控制中心装有与各机车电子控制网络紧密联系的大型地铁计算机网络系统，里面存储着与地铁上运行的列车有关的各种信息，如载客容量、载货清单、出发时间、列车序列号等。计算机系统根据这些信息自动排好调度时间表，运行实时交通管理程序。到了该发车的

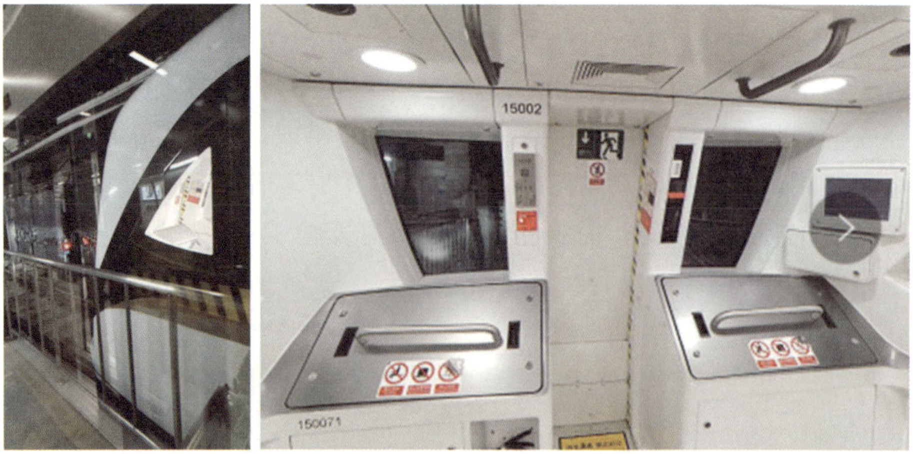

无人驾驶地铁的车头

地铁控制中心

时候，它就会自动、快速地搜索被调度的列车，一旦搜索到，就立即向该车辆的电子控制网络发出调度指令。列车上还装有电子测速器，它不断地将测出的实际运行速度反馈给地铁控制中心。地铁控制中心的计算机根据反馈信息来控制列车的运行速度，以保证其安全行驶。例如：当列车下坡时，下坡瞬间车速增加，若电子测速器测得的实时速度超出安全范围，地铁控制中心便“下令”让列车减速运行。以上这一系列的反馈、控制及动作都在瞬间完成。所以，无人驾驶不仅不会存在危险，而且比起传统的人工驾驶，减少了人为操作失误，提高了运营的安全性和可靠性。

41 地铁停车为什么那么准

乘坐地铁时，每次到站地铁列车总能精确地停到相应位置。那么，地铁为什么能实现精准停车？它又是如何做到的呢？

地铁站台会有停车标，当地铁列车驾驶室靠近站台侧的车窗中线与停车标对齐时，那就是最准的停车位置。通常，只要列车能停在使停车标处于地铁驾驶室车窗对应的范围内，列车就可以开门。

地铁运行包含自动驾驶模式和人工驾驶模式。

在地铁列车自动驾驶的情况下，列车通过信号接收来实现自动调速功能，运行期间基本不需要人工操作，因此，列车精准停车完全是信息化控制的结果。

地铁停车标

在手动驾驶模式下，司机需要使用到人工驾驶手柄。

所谓牵引就是前进，类似于汽车油门，制动就是刹车。

最大牵引位就是快速到达某一速度，最小牵引位是列车刚启动时为防止大变速带来的惯性，先要保持 1～2 s 的最小牵引，然后慢慢推到最大牵引位。

最小制动位和最大制动位就是让列车停下来的两个极位。最大制动位往往是要求快速降速时才使用的，而最小制动位是列车快要停车对标的时候会用到，即进站的时候先放在最小制动位上，然后慢慢地拉到合适的制动位上，速度降下来的时候再慢慢地回到最小制动位上。通过这种手柄操控的方式驾驶列车就需要人工对标，而人工对标完全凭司机的经验了。

那地铁为什么需要停得那么准呢？主要是因为站台的总长是根据车的长度设定的，车门的位置相对站台门的位置也是固定的，所以如果车停的位置偏差较大，就有可能导致车门与站台屏蔽门错位，使乘客上下车不便，甚至引发意外。

车门和屏蔽门

42 地铁是如何进行维修保养的

人体就像一台机器，定期体检正如机器检修，能够帮助人们了解自己的健康情况，以便于监控和提前干预。地铁列车本身就是一台机器，加之长年累月的运行，难免会出现一些小磨损。如果长期不检修，势必会带来极大的安全隐患。因此，每辆地铁列车在出发运营前都已经过精心“保养”，并且会定期“体检”。

实际上，地铁的保养维护将结合路段、设备等实际情况开展定期的养护和维修。

地铁的保养按时间可分为：日检、月检、季检、年检以及架修和大修。而车辆的车底走行部及悬挂部件、车体、客室、控制系统、司机室、车门等都是需要重点维护保养的部位。

地铁检修车辆段

地铁车辆段根据功能可分为检修车辆段（简称车辆段）和运用车辆段（简称停车场）两种。

车辆段的主要工作内容包括：承担车辆的定修、大修、架修(厂修)等定期修理任务，段内设备和机具的维修，调车机车、工程车等的整备及维修，以及负责段内列车停放、编组和日常检查、一般故障处理、清扫洗刷及定期消毒等日常维护保养。

停车场的主要工作内容包括：负责段内列车停放、编组和日常检查、一般故障处理、清扫洗刷、定期消毒等日常维护保养。

地铁车辆检修正是其中重要的一环，合理地开展地铁车辆检修工作对于确保地铁车辆安全运行、提升车辆运行品质以及降低运营成本具有十分重要的意义。

地铁车辆段就是用来给地铁列车提供停放、维修、保养的地方。每天结束运营任务后，地铁列车都会回到这里，检修人员各司其职，对列车、轨道、接触网等设备系统进行维护、维修。检修员结束晚班的检修工作后会到车场主任处销点，并填写“列车状态卡”，以确认每一辆车都没有问题，满足发车条件。然后由专人进行送车工作，这项作业的目的是发车时，有人随时待命，以保障列车的安全运行。

除了检修之外，每天的清洁也是必不可少的，每个车辆段都配有

正在清洗中的地铁车辆

清洗完的车辆

一间列车洗车库，列车的清洁可不像我们想象中的人工洗车，列车清洁是全自动的，有专门的地铁“搓澡工”，司机将列车开进专门洗车的地方，只需几分钟就能实现“小黑车”进去，“小白车”出来。

作为大运量的地铁列车，在每天运营结束后列车回库，保洁人员都要打扫车厢，车厢保洁范围必须全覆盖，地板、座椅、扶手杆、墙体，还有空调进出风口等都是日常保洁项目，待这些清洁完成之后还要开展车厢消毒，以消杀车厢内表面滋生的细菌，保证地铁车厢干净卫生，从而为乘客提供良好的乘车环境。每一班列车在开出前，都会认真做好出发前的准备工作，如此才能保证乘客们能有舒适且安全的乘车体验。

43 你知道护卫地铁的“猎鹰队”吗

地铁是城市至关重要的命脉之一，其自身系统庞大且复杂，又与市民的生活息息相关。在地铁结束一天的运营后，城市也从喧嚣归于平静，但此时仍有很多人在彻夜工作，他们称得上是城市地铁的“护卫”。在漫长的隧道中、在巍巍的高架上，都有地铁“护卫”的身影。

但你能想象得到吗？在地铁“护卫”队中，竟然还有猎鹰的身影。

这支奇特的地铁“护卫”在墨西哥，当地人亲切地称其为“哈里斯猎鹰队”。这些猎鹰可以驱赶其他的鸟类，以保证它们的粪便不会侵蚀电轨和车厢，从而也减少因漏电而耽误地铁运营的情况出现。

过去，墨西哥城地铁站周围经常聚集了上千只鸽子，这些鸽子会钻进地铁高压电路区，从而造成短路。这给墨西哥城地铁运营带来了极大的困扰。正因为如此，这批接受过特训的猎鹰就成了地铁“护卫”

猎鹰

被驱赶的鸽子

的新成员。

“哈里斯猎鹰队”的空中执勤得到了效果显著的回报，根据墨西哥城地铁运营系统的统计数字，由鸟类造成的地铁系统瘫痪事故大大减少。

令人惊讶的是，这些猎鹰在驱赶鸽子时是不被允许把它们当成猎物的。这是为了防止猎鹰受到鸽子体内寄生虫的感染。猎鹰队执勤的基本策略是，猎鹰训练师会在有飞鸟出没的地方放飞几只猎鹰，见到猎鹰之后，像鸽子、麻雀之类的飞鸟就会很快抛弃自己的鸟巢。一天内这样的放飞活动会重复几次，以防止有些鸟类受生物钟影响而有回巢行为。

当然，维护地铁的行动是多方位进行的。“护卫”们还会在鸟类常出没的地点放置除鸟剂，定期清理鸟蛋并设置防鸟的倒刺。

在墨西哥，猎鹰可是大家的好帮手，它不仅是地铁“护卫”，还经常作为飞机的“护卫”来解决机场周边的飞鸟问题。

44 奥运与地铁有什么关系

2008 年北京奥运会举世瞩目，它是国人的骄傲。仅奥运期间，北京就接待了中外游客 650 余万人次。面对如此大的游客数量，北京市政府早就做好了全方位的准备，其中，奥运前通车的北京地铁 10 号线一期、机场线和奥运支线这 3 条地铁线更是为奥运绿色出行、便捷出行助力。

百年地铁和百年奥运，这两个人类近代史上伟大的产物，早在诞生之初就紧密结合在了一起。1900 年，第二届巴黎奥运会，巴黎地铁 1 号线赶在了奥运会期间开通，这条地铁线是东西走向，串联起巴黎最主要的景点，终点站是离奥运会场不远的马约门。巴黎是世界上第五个开通地铁的城市，地铁的出现立即受到市民的欢迎，人们享用着现

巴黎地铁 1 号线站台

代科技的便利。

巴黎作为全世界重要的文化、艺术中心，百年来，巴黎地铁的发展与艺术密不可分。随着经济实力的不断增强，艺术性的发展，地铁公共艺术的设计也从一个侧面向乘客展示出世界艺术中心的多元魅力。

巴黎地铁车厢内部

45 入选世界文化遗产的地铁有哪些

中国第二个开通地铁的城市是哪个？上海？广州？深圳？都不是。答案是：天津。

那么，世界上第二个开通地铁的城市是哪个？巴黎？柏林？莫斯科？都不是。答案是：布达佩斯。

1867 年，奥地利和匈牙利和解以后，奥匈帝国进入了经济稳定发展阶段。布达佩斯作为多瑙河上的重要贸易节点和工业重镇，人口稠密，经济发达。在一片欣欣向荣的景象之下，19 世纪 90 年代初，匈牙利当局开始着手筹备“马扎尔人定居千年庆典”。对于布达佩斯的民众来说，这个持续 1 年的嘉年华最适合在城市公园举办了，但这样一来，政府发现通往城市公园的道路即便再宽阔也会因为游人众多而无法保持道路畅通。于是，建设大运力公共交通成为刻不容缓的事。

布达佩斯通往城市公园的宽阔道路

（图片来源：http://www.360doc.com/content/20/0919/08/71611342_936504794.shtml）

经过多次讨论，最终轨道交通工程师提出的将列车“摁”下地的方案得到了政府的认可。

于是，1894 年 8 月 7 日，这个名为地下化有轨电车，或者叫“千年地下铁路”的项目开工了，该项目设有 11 站，全长 5 km。1896 年 5 月 2 日，在皇帝弗朗茨·约瑟夫亲自剪彩下，欧洲大陆的第一条地下铁路——弗朗茨·约瑟夫地下铁路正式开通。此时，巴黎地铁第一期工程计划才刚通过审批还没到一个月；柏林地铁则要再过 5 个月才开始动工。同时，布达佩斯地铁还是世界上第一条电气化地铁。

沿着这条地铁，几乎每一站，你都会发现布达佩斯的文化亮点。以弗洛斯马提广场作为起点，这里有比地铁历史还长 40 年的咖啡馆。从那里继续深入另一侧的佩斯城，有火车博物馆、圣斯蒂芬大教堂，

当年将地铁“摁”下地的设计效果图

（图片来源：http://www.360doc.com/content/20/0919/08/71611342_936504794.shtml）

继续前行，经过艺术画廊和英雄广场到达宁静的城市公园，里面有传说中一系列知名的马扎尔人的青铜雕像。

鉴于布达佩斯地铁 1 号线对于欧洲大陆地铁建设非凡的影响和意义，它在 2002 年被列为世界文化遗产，这也是世界上唯一一条文化遗产地铁。

当年地铁经过英雄广场和纪念碑

（图片来源：http://www.360doc.com/content/20/0919/08/71611342_936504794.shtml）

如今的布达佩斯英雄广场

46 你知道“香水”地铁吗

有人说“一千个人心中就有一千种巴黎地铁的味道”，有人甚至用“迷之气味”“令人绝望”来形容它。里昂的地铁味道似乎的确有待改善。于是，在法国里昂，浪漫的法国人做了一件很浪漫的事。

法国里昂地铁官方耗时 6 个月，找出市民们接受度最高的香气，并斥资 5.5 万欧元在市区挑选了 9 座进出站人数最多的地铁站点（包括 Bellecour，Charpennes，Vieux-Lyon，Guillotière，Saxe-Gambetta，Grange-blanche，Hotel de ville，Perrache 和 Part-Dieu）的出入口及候车站装设绿茶、柑橘气味的喷雾香水，当列车进站时会带入强劲的气流，从而让香气扩散到站台两侧。

官方回应这么做的理由是：这样的气味有助于提高乘客的舒适体

里昂城市鸟瞰图

里昂地铁站

验，就像提高光亮度、播放音乐一样，气味是我们开发的另一种感觉。地铁也可以有自己独特的味道，所以我们尝试给里昂地铁的嗅觉身份做个标记。

据《巴黎人杂志》(*Le Parisien*）报道，负责里昂公共交通营运的 Keolis 集团，自 2017 年 12 月 1 日起与香氛品牌 Sensorys 公司合作，致力于改善地铁内的气味，提高嗅觉体验，增进乘客的安全感和舒适度。

至于实践结果如何，到目前为止褒贬不一。有市民认为：“闻起来很惬意。”有市民则认为：“这些不可名状的气味混合简直能让人倒下。”也有市民调侃：“我倒是希望地铁里有笑气喷雾。”还有市民担心香氛喷雾会不会对人体造成危害。

里昂公共交通系统营运官表示，之前他们已从各方面采取措施来改善地铁站内的环境，如车站灯光、隔音效果或电子屏幕等，未来他们打算将整个地铁系统的“嗅觉环境”进行美化。

此外，嗅觉作为一种重要的感觉，也有人提出可以通过在地铁中喷洒不同味道的香水来帮助盲人辨别方向。

47 你知道有哪些别具特色的地铁出入口吗

地铁站出入口是城市公共交通的重要节点，通常由阶梯式通道、水平通道、口部地面建筑等构成，虽小却并不简单。

在很多城市中，每个地铁站都至少有 2 个或 2 个以上的出入口，除了与其他功能型建筑无缝对接以及高架地铁站点的出入口外，大部分出入口均设置在地面上。不同城市、不同地铁的出入口造型各异，有些设计富有特色且极具时代风貌，是城市文化的一个重要载体，也是体现城市发展理念的重要窗口，值得我们细细欣赏品味。

● 西班牙毕尔巴鄂（Bilbao）地铁站

毕尔巴鄂地铁站出入口是由诺曼·福斯特（Norman Foster）设计的。该出入口有一个精美的透明玻璃罩子，呈圆管状突出到街道地面

西班牙毕尔巴鄂地铁站出入口

上，钢拱夹着弧形玻璃。在街边占用最少的地面与空间，轻易地和闹市融为一体。福斯特在设计时使用了梁、楼梯和灯光点缀，体现了一种简洁明快的设计风格。正是这样独特的设计风格让毕尔巴鄂地铁站成为一道亮丽的风景。

● 法兰克福 Bockenheimer Warte 地铁站

法兰克福 Bockenheimer Warte 地铁站具有奇怪的出入口，好像一辆从地底冲破路面的地铁列车，其独特的造型能一下子吸引路人的注意力。该出入口的设计师泽比吉尼夫·彼得·皮尼斯基称，他的创作灵感受到超现实主义艺术家的启发。

法兰克福 Bockenheimer Warte 地铁站出入口

● 巴黎地铁皇家宫殿站

装饰建筑设计师吉姆·米歇尔·欧图尼尔为高莱特广场设计巴黎地铁皇家宫殿站的新建出入口。这个华丽建筑的名称“夜游者之凉亭”也被译作“夜猫族的凉亭”。这个地铁出入口建筑由几百颗各种颜色的钢化玻璃工艺品与铝合金件构成，上部貌似一顶“王冠”。据说这一设计的创新点在于它所表现出的缤纷色彩、贵重珍宝般的“王冠”及其附属件，而以往这些只是王公贵族才能拥有的奢侈品，如今却挪移到了大街上，成为亲近普通民众的装饰建筑。

巴黎地铁皇家宫殿站出入口“王冠”形装饰

厦门地铁站

厦门地铁 2 号线海沧行政中心站的出入口是不是让你感受到由内而外散发出的浓浓的闽南风格。没错，它的设计灵感正是源于闽南古厝。通透明亮的玻璃立面，轻盈的燕尾形状雨篷，搭配上闽南古厝的砖红色，使其具有很强的厦门特色和闽南风格。

厦门地铁 2 号线海沧行政中心站

48 地铁里为什么有五颜六色的“灯塔”

船在大海中航行，需要灯塔来指引方向。同样地，为了地铁的行车安全，地铁运行的线路上也需要设置“灯塔”，它有个特别的名字叫“信号机”，它就像地铁的眼睛。

信号机是不是和我们日常生活中的红绿灯很像呢？它的颜色还不止三种，有时甚至两种颜色的灯会一起亮，是不是很神奇？其实，信号机是用来指引列车通行的，因为一条线路上不止一趟列车运行。信号机的主要作用就是防止列车追尾。下面介绍一下信号机各种灯色的含义。

红色：禁止越过该信号机，当列车司机看到红灯亮时就要停车；

绿色：允许列车越过该信号机，即绿灯行；

蓝灯：调车禁止信号，禁止越过该信号机；

黄色：允许列车按照规定速度越过该信号机，注意前面有侧股开

地铁线路上的信号机

通（就是前面要拐弯了）；

白色：调车信号开放；

红色闪光：灯丝断丝；

白色外框（方形）：表明信号处于封闭状态，按钮失效；

黄色＋红色：引导信号，顾名思义是由人工指引通过。

但在日常的列车运行中，列车都处于自动驾驶模式，信号机也处于灭灯状态，这样才能节约用电哦！

一旦信号机发生故障，就会引起连锁反应，列车设备会报警，同时会亮红灯，为了乘客的生命和财产安全，此时列车便无法通行了。这时就需要勤快的“地铁医生”出马为它做“手术”，拆装信号机，并为其换上新的眼睛，使其能够重新正常工作。

49 你知道什么是地铁司机的“手比口呼”吗

地铁每到一站，司机为什么都要下车“手比口呼”？看玻璃门后面，地铁司机是在向我打招呼吗？

事实上，这是地铁司机工作中的一个标准动作——手比口呼。列车到站后，司机手指向车门、站台门，口呼确认车门、站台门打开，从而监控乘客上下车情况。

“手比口呼”最早是铁路行业专门使用的安全动作。要求司机作业时以手指指着物件，口呼确认，“眼”到、“手”到、“口”到、“心”到，从而减少人为失误导致的意外。后来又被发展运用于地铁行业，衍生出一个行业专属的标准化操作——手比口呼。

“进站注意，对标停车，开左门，车门打开，站台门打开，关门……”这是每个车站司机都要重复确认的内容。

“手比口呼”是地铁司机工作中一项特有的内容，每个地铁司机都经历过成百上千遍的手比口呼，或在乘客可以看见的站台，或在乘客看不见的司机室里，都需要手比口呼，需要时刻确认轨道是否有异常，信号是否显示正确，广播是否清晰准确，车门是否打开……

以上海地铁4号线为例，4号线全线有26个车站，平均每站需要手比口呼13次，这样司机每天就要手比口呼5 000余次。这些翻来覆去的手指与呼唤的确有些单调与枯燥，但它却是地铁司机排除安全隐患、确保行车安全的法宝。悠长的隧道里，狭小的司机室里，地铁司机用一次次标准的手比口呼践行着“安全、正点、舒适、快捷”的服务宗旨，让每一趟列车安全出发，让每一名乘客平安抵达。

地铁司机在完成“手比口呼”动作

50 地铁列车可以在火车轨道上跑吗

火车在轨道上跑，地铁列车也在轨道上跑，那么地铁列车可以在火车轨道上跑吗？

如果仅从轨距来看，理论上，地铁列车是可以在火车轨道上行驶的。轨距是指两条钢轨的横向距离。在我国，铁路、地铁、轻轨、有轨电车通常都采用 1 435 mm 标准轨距，仅有偏远地区的老式铁路（如滇越铁路和昆明米轨铁路）采用非标准轨距。因此，地铁和铁路的轨距是一样的。

然而，地铁列车并不能在火车轨道上行驶。因为除了轨距之外，地铁行驶还要考虑到牵引力的问题。地铁列车若要在火车轨道上行驶，

上海地铁 7 号线列车在火车轨道上行驶

必须通过铁路机车牵引，但事实上，地铁列车的牵引电气设备与铁路电网电压等级不匹配，所以无法自身提供动力。

那么为何地铁会选择和铁路一样的轨距？而铁路的轨距又源自哪里呢？故事要从很早以前说起。

当时，各国铁路的轨距各不相同，窄的有 610 mm，762 mm 和 891 mm；中等的有 1 000 mm，1 067 mm，1 372 mm 和 1 435 mm；宽的可达 1 524 mm，1 880 mm 和 2 141 mm。

1825 年，世界“铁路之父”——英国人乔治·史蒂芬森（George Stephenson）研制出了最原始的“运动”号蒸汽机，拉动了世界上第一列旅客列车。这在当时曾引起轰动。那时，铁路的轨距是 4 英尺 8 英寸半，折合成公制就是 1 435 mm。

原来，早期的铁路是由建电车的人所设计的，而 4 英尺 8 英寸半正是电车所用的轮距标准。

“铁路之父”乔治·史蒂芬森

那么，电车的轮距标准又是从哪里来的呢？

英国马路辙迹的宽度是四英尺又八点五英寸，所以，如果马车用其他轮距，它的轮子很快会在英国的老路上撞坏。

那么辙迹又是从何而来的呢？是从古罗马人那来的。

因为整个欧洲，包括英国的长途老路都是由古罗马人为他们的军队所铺设的，而四英尺又八点五英寸正是古罗马战车的宽度。任何其他轮宽的战车在这些路上行驶的话，轮子的寿命都不会很长。

可以再问，古罗马人为什么以四英尺又八点五英寸作为战车的轮距宽度呢？原因很简单，这是牵引一辆战车的两匹马屁股的宽度。

故事尚未结束……

美国航天飞机燃料箱的两旁有两个火箭推进器，这些推进器是由设在犹他州的工厂所提供的。这家工厂的工程师曾经希望把这些推进器造得再胖一些，这样容量就会大一些，但是他们没做到，为什么呢？

因为这些推进器造好后，要用火车从工厂运到发射点，路上要通过一些隧道，而这些隧道的宽度只比火车轨道的宽度宽了一点点。所以，我们发现，铁路轨距还决定了美国航天飞机火箭助推器的宽度，而这一切竟然在两千年前便由两匹马屁股的宽度决定了。

马车

参考文献

[1] 邢静. 世界最早的地铁如何在伦敦建成[EB/OL]. [2018–05–09]. https://cul.qq.com/a/20180509/009184.htm.

[2] 铁血老枪. 1860 年代，伦敦的地铁建造 [EB/OL]. [2018–03–18]. http://www.360doc.com/content/18/0318/15/8250148_738151101.shtml.

[3] 知乎. 地铁车厢要是敞篷式会有哪些好处?[EB/OL]. [2020–11–30]. https://www.zhihu.com/question/432449891.

[4] 最有数的人. 你每天坐地铁看到的线路图，与真实地图的差距究竟有多大？[EB/OL]. [2019–02–22]. https://www.thepaper.cn/newsDetail_forward_3025204/.

[5] 地球科普员. 地铁趣味冷知识，下次坐地铁可以吹一波了 [EB/OL]. [2018–12–16]. https://baijiahao.baidu.com/s?id=1620011756512748755&wfr=spider&for=pc.

[6] 英语主播皮卡丘. 为什么北京地铁叫subway，上海、广州地铁却叫metro?[EB/OL]. [2020–12–06]. https://zhuanlan.zhihu.com/p/332201873.

[7] 轨道交通与地下空间. 你知道一辆地铁列车的寿命有多长吗？[EB/OL]. [2020–09–12]. https://baijiahao.baidu.com/s?id=1677594638829400030&wfr=spider&for=pc.

[8] 天下有车. 一马力真是一匹马的拉力？它到底有多大的力量？[EB/OL]. [2019–07–30]. https://baijiahao.baidu.com/s?id=1640451567481336604&wfr=spider&for=pc.

[9] Shuenwaichung. 冰岛：世界上唯一没有火车地铁的发达国家[EB/OL]. [2019–07–17]. https://zhuanlan.zhihu.com/p/74073117.

[10] 上海地铁. 车厢是怎么灭蚊的？怎样的人招蚊子？乘地铁如何应对蚊虫叮咬？[EB/OL]. [2015–06–10]. http://m.shmetro.com/workspace/shmetrotest/view.aspx?did=2915&catalogId=1274.

[11] PenguinKing. 这种生活在伦敦地铁里的蚊子，是第二次世界大战创造的新物种[EB/OL]. [2017–09–19]. https://zhuanlan.zhihu.com/p/29459832.

[12] 补点历史. 地铁新职业“地铁推手”，你能挤进地铁，他们功不可没哦！[EB/OL]. [2019–01–17]. https://baijiahao.baidu.com/s?id=1622776858782483297&wfr=spider&for=pc.

[13] 每日说书评. 这是世界上最短的地铁，你知道在哪里吗？[EB/OL]. [2018–06–14]. https://baijiahao.baidu.com/s?id=1603236830933331608&wfr=spider&for=pc.

[14] 咕东. 世界最快的3 条地铁都在我们中国，广州有两条，最高时速160 公里[EB/OL]. [2020–09–19]. https://baijiahao.baidu.com/s?id=1678229729655132709&wfr=spider&for=pc.

[15] 清风细雨hans. 世界上最深的地铁，处在地下200米，相当于六十层高楼! [EB/OL]. [2020–06–29]. http://www.360doc.com/content/20/0629/05/2675617_921189533.shtml.
[16] 简想. 世界上最大的地铁 468 个车站的纽约地铁[EB/OL]. [2017–11–25]. https://www.zswxy.cn/articles/14663.html.
[17] 大脚丫. 世界上最拥挤的地铁,北京、纽约也比不过，挤不上去助推员帮你挤[EB/OL]. [2018–09–19]. https://page.om.qq.com/page/OT60TGIbBAkmcPBKzSufZXTg0.
[18] 林创科技. 原来地铁上的信号是这样来的,涨知识了！[EB/OL]. [2018–12–21]. https://www.sohu.com/a/283512931_100091743.
[19] 百度百科. 地铁[EB/OL]. [2021–09–01]. https://baike.baidu.com/item/%E5%9C%B0%E9%93%81/21266?fr=Aladdin.
[20] 城市轨道交通网. 世界上最漂亮的地铁 [EB/OL]. [2020–12–02]. https://www.sohu.com/a/435722623_120763103.
[21] 简想. 世界上最干净的地铁 一尘不染的新加坡地铁[EB/OL]. [2017–11–28]. https://www.zswxy.cn/articles/14736.html.
[22] 简想. 世界上最接近地面的地铁 最浅仅仅2 米 [EB/OL]. [2017–11–28]. https://www.zswxy.cn/articles/14748.html.
[23] 小七聊游记. 世界上拥有艺术气息的地铁，在斯德哥尔摩穿行！[EB/OL]. [2018–08–31]. https://baijiahao.baidu.com/s?id=1610272731920656039&wfr=spider&for=pc.
[24] 简想. 世界上最高的地铁 3500 米海拔高的地铁 [EB/OL]. [2017–11–27]. https://www.zswxy.cn/articles/14714.html.
[25] 走遍世界风景区. 世界上最长最豪华的无人驾驶地铁,长达75 公里，投资500 多亿[EB/OL]. [2018–03–27]. https://baijiahao.baidu.com/s?id=1596010128278510131&wfr=spider&for=pc.
[26] 地铁那些事. 全球仅纽约地铁全年24 小时运营，为何还屡遭吐槽?[EB/OL][2018–05–15]. https://m.sohu.com/a/231634663_429173.
[27] 百度百科. 上海地铁[EB/OL]. [2021–03–20]. https://baike.baidu.com/item/%E4%B8%8A%E6%B5%B7%E5%9C%B0%E9%93%81/1273732?fr=Aladdin.

[28] 佰佰安全网. 掉下地铁站台如何自救[EB/OL]. [2018–04–25]. https://www.bbaqw.com/cs/122201.htm.

[29] 小诺. 地铁发生危险如何自救？这些安全常识可不能少[EB/OL]. [2019–07–11]. https://www.cignacmb.com/baoxianzhishi/yiwai/2019071023562.html.

[30] 百度百科. 站前折返[EB/OL]. [2021–03–10]. https://baike.baidu.com/item/%E7%AB%99%E5%89%8D%E6%8A%98%E8%BF%94/10331476?fr=Aladdin.

[31] 美啊教育. 为什么地铁总是五颜六色的？设计师们在想什么呢 [EB/OL]. [2017–09–08]. http://meia.me/article/146.

[32] 跟着心灵去度假. 新型交通空轨来了，中国将是第三个开通的国家，会先在哪个城市呢[EB/OL]. [2020–05–26]. https://baijiahao.baidu.com/s?id=1667761657122179018&wfr=spider&for=pc.

[33] 百度百科. 悬挂式单轨铁路 [EB/OL]. [2021–02–20]. https://baike.baidu.com/item/%E6%82%AC%E6%8C%82%E5%BC%8F%E5%8D%95%E8%BD%A8%E9%93%81%E8%B7%AF/18703485?fr=Aladdin.

[34] 顾小乔. 揭秘以色列：以色列的城市轨道交通怎么样 [EB/OL]. [2021–02–22]. https://www.163.com/dy/article/G3F32KGA0545UIBG.html.

[35] 牛悦丞，李芾，丁军君，等. 齿轨铁路发展及应用现状综述[J]. 铁道标准设计，2019(12):37–43.

[36] 华龙网. 重庆轨道弯度“超90 度”？ 官方：设计科学乘坐舒适安全[EB/OL]. [2014–06–23]. http://cq.cqnews.net/html/2014–06/23/content_31141560.htm.

[37] RT 轨道交通网. 中国“最野”地铁指南！ [EB/OL]. [2019–08–19]. https://www.sohu.com/a/334759314_682294.

[38] langxia5918. 阿德莱德: 神奇的公交车轨道O–Bahn [EB/OL]. [2016–05–26]. http://blog.sina.com.cn/s/blog_5820e5590102w80q.html.

[39] 书虫游世界. 多彩的老式升降机、繁复的曼努埃尔式建筑，这就是迷人的里斯本[EB/OL]. [2018–08–20]. https://baijiahao.baidu.com/s?id=1609310884036947588&wfr=spider&for=pc.

[40] 大连地铁. 开地铁也要考驾照吗？[EB/OL]. [2018–01–06]. https://www.sohu.com/a/

215090919_349556.
[41] 知乎. 地铁是如何停得那么精准的？[EB/OL]. [2017–04–15]. https://www.zhihu.com/question/27154838/answer/35460441.
[42] 深圳地铁. 地铁列车保养总共分几步？[EB/OL]. [2020–07–04]. https://www.sohu.com/a/405706046_120436158.
[43] 沪江法语. 墨西哥城“雇佣”猎鹰维护地铁运行安全[EB/OL]. [2011–09–16]. https://m.hujiang.com/fr_fr/p187483/.
[44] 新华网. 盘点北京地铁票的“前世今生”[EB/OL]. [2017–08–16]. http://www.xinhuanet.com//forum/2017–08/16/c_129682394.htm?from=timeline&isappinstalled=0.
[45] 欧洲第二座地铁既不在巴黎也不在柏林，而是这条古香古色的布达佩斯1 号线！[EB/OL]. [2020–09–19]. http://www.360doc.com/content/20/0919/08/71611342_936504794.shtml.
[46] 看看新闻. 这很“法国”！里昂耗资42 万元为地铁站喷香水 [EB/OL]. [2018–03–20]. http://m.ce.cn/gj/gd/201803/20/t20180320_28546141.shtml.
[47] 常州地铁. 设计感满满，带你领略各城市极具特色的地铁出入口 [EB/OL]. [2019–03–12]. https://www.sohu.com/a/300761566_679312.
[48] 江苏生活频道. 你知道地铁司机每到一站都要下车“比划”什么吗？[EB/OL]. [2021–05–08]. https://baijiahao.baidu.com/s?id=1699150353390209135&wfr=spider&for=pc.
[49] 西安地铁. 地铁、铁路标准轨距，居然是马屁股决定的![EB/OL]. [2019–03–12]. https://www.sohu.com/a/300762882_348924.
[50] 酷知网. 为什么地铁能够实行无人驾驶？[EB/OL]. [2019–08–05]. http://www.coozhi.com/shenghuojiaju/shenghuochangshi/106937.html.
[51] 国际在线. 墨西哥城“雇佣”猎鹰维护地铁运行安全[EB/OL]. [2011–09–13]. http://news.sina.com.cn/o/2011–09–13/173123149038.shtml.